미국 주식이 답이다

미국 주식이 답이다

생초보도 돈 버는
글로벌 투자
원포인트 레슨

장우석, 이항영 지음

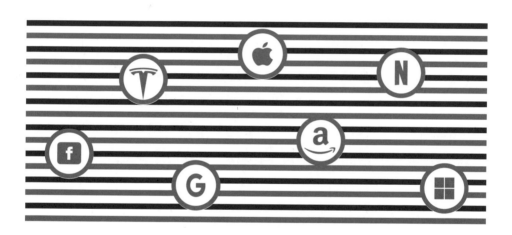

P page2

여전히 미국 주식이 낯설기만 한
투자자들을 위한 첫발

2016년 『미국 주식이 답이다』를 처음 출간하면서 감격스러웠던 기억이 바로 엊그제 같은데 이후로 5년이 지났고, 그동안 여러 번의 개정판을 거쳤다. 특히, 2020년 코로나19 바이러스의 시대를 지나며 불어닥친 소위 동학 개미 운동의 바람은 미국 주식 투자에도 불었다. 필자도 간혹 생소한 기업에 대한 질문을 받곤 했으니 얼핏 보면 미국 주식 투자에 대한 저변 확대가 진행되고 있는 게 아닌가 생각이 들 때도 있다.

 하지만 여전히 미국 주식 투자를 낯설어하는 투자자, 여전히 기업의 내용을 모르는 투자자, 미국 주식시장 자체에 대해서 이해도가 떨어지는 투자자가 많은 듯하다. 겉으로 보면 미국 주식 투자 규모가 무척이나 커진 것 같지만, 예탁원 보관 잔액 기준 2016년 10조 원이었던 것이 2020년 28조 원으로 늘어났을 뿐이다. 대한민국 전체 주식시장 규모인 약 2000조 원에 비하면 1%를 겨우 넘기는 수준으로 아직도 갈 길이 멀어 보인다.

 필자가 국내 증권사에서 대한민국 최초로 미국 주식을 중개한 해가 2002년 이었다. 벌써 18년이 넘어가고 있는데도 불구하고 미국 주식 투자의 비중이 국내 투자자의 2%가 안 된다는 사실은 우리에게 많은 고민거리를 주고 있다.

이러한 고민을 해결하기 위한 첫발은 미국 주식에 대한 기초상식, 시장에 대한 특징, 기업에 대한 이해에서부터 출발한다고 생각한다. 그리고 그 첫발을 같이 내디딘다는 생각으로, 이 책을 읽을 독자와 같이 걷는다고 생각하면서 한 자 한 자 정리했더니 저절로 이번 개정판이 마무리되었다.

20년 가까이 투자자들에게 늘 했던 말을 다시 적어본다.

"미국 주식 투자를 아예 안 해본 사람은 있어도, 한 번만 해본 사람은 없다."

그리고 이제는 이런 말을 듣고 있다.

"정말 미국 주식이 답이네요."

이 책을 읽은 독자들도 머지않은 시기에 이런 말을 하기를 희망한다.

역사가 입증한 부의 추월차선,
역시 미국 주식이 답이다!

미국 주식 투자에 관한 정보 외에 독자분들께 꼭 전하고픈 이야기가 있어 몇 자 적어본다.

첫째, 주식은 앞으로 30년 당신의 재테크 동반자이다. 그러므로 절대 코뿔소의 시선으로 투자를 바라봐서는 안 된다.

코뿔소가 보는 세상의 가운데에는 항상 '삼각형의 물체'가 존재한다. 바로 자신의 코다. 코뿔소는 그 코로 인하여 자신이 보는 모든 사물과 풍경의 중심에 삼각형의 물체가 있다고 믿게 된다. 세상 본연의 모습을 보지 못하게 되는 것이다.

주식 투자자도 마찬가지다. 코뿔소처럼 자신의 코에 시선이 가로막혀 있으면 주식시장의 본질을 보지 못하고 오해하게 된다. 기업의 실적을 근거로 장기 투자하면 꾸준히 수익을 창출할 수 있는 것, 그것이 바로 주식 투자이고 주식시장 본연의 모습이다. 그런데 많은 이들이 자신도 모르게 코뿔소의 시선을 가지게 된 결과, 기업의 실적이 아닌 차트에, 정확한 분석과 판단이 아닌 루머와 의미 없는 잦은 매매에 몰두하면서 '제대로 투자하고 있다'는 착각에 빠진다. 결국 판단이 흐려지고, 시장의 본질과는 동떨어진 선택을 하기에 이른다.

이것은 투자자들만의 잘못이 아니다. 투자자들은 주식시장에 들어옴과 동시에 수없이 많은 정보와 마주하게 된다. 기관이나 외국인이 어떤 종목을 몇 주, 얼마에 샀는지 등의 수급 정보, 어느 증권사를 통해서 거래가 되고 있는지를 보여주는 거래 증권사 정보, 5호가 혹은 10호가를 통해서 이뤄지는 매수와 매도 현황, 수많은 지표를 담은 차트 툴, 더 나아가 매매 신호까지 실로 복잡하고 다양한 정보가 증권사들로부터 제공된다. 범람하는 정보는 투자자들에게 코뿔소의 코와 같은 역할을 한다. 다시 말해 투자자의 눈앞에 가상의 커다란 코를 얹어주는 것이다. 투자자들은 자신의 의지와는 상관없이, 주식시장 본연의 모습을 놓치고 왜곡된 시야를 가지게 된다.

이처럼 주식시장에서 일상화된 정보 중 현명한 투자 활동에 도움이 될 만한 정보는 많지 않다. 언뜻 생각하면 더 많은 정보를 얻을수록 심층적인 분석이 가능하지 않을까 싶을 것이다. 그러나 실제로는 과다 정보가 오류를 만들어내고, 또 지엽적인 분석에 치중함으로써 큰 시장을 바라보는 통찰력을 상실하게 만든다. 정작 투자자들이 가장 고려해야 할 부분, 즉 그 기업의 실적과 비전은 투자자들을 현혹하는 숫자의 향연에 가려지기 일쑤다. 주식 투자의 기본은 그 기업을 알고 또 믿고 투자하는 것일진대, 이 같은 모습은 찾아보기 어렵다.

세계 최고의 선진 시장인 미국 주식시장에서는 이러한 '코뿔소의 코'를 없애기 위한 많은 노력이 있어왔다. 그 결과 오늘날 미국의 주식 투자자가 HTS에서 얻을 수 있는 정보라고는 실적과 뉴스가 대부분이며, 그 외 기능은 없어지거나 더 단순해지고 있다.

주식 투자의 핵심은 통찰이다. 투자자에게는 세상과 시장을 꿰뚫어 보는 눈이 있어야 한다. 미국이 세계 최고의 인공지능AI 기술을 가지고 있음에도 주식에 있어 인공지능 기술을 적용하지 않는 데는 이유가 있다.

코뿔소의 뿔은 주식 투자자로 하여금 미래를 예상할 수 있다는 착각에 빠지게 한다. 온갖 정보를 분석함으로써 주가 방향을 예측할 수 있으리란 헛된 망상을 품게 되는 것이다. 그러나 "주식시장은 신도 모르는, 예측이 불가능한 영역이다"라는 말에 동의한다면, 이러한 어리석음을 범해서는 안 된다.

스스로의 노력과 냉철함을 바탕으로, 시야에 어떠한 장애물이나 가림막 없이 주식시장 본연의 모습을 보는 연습을 해보자. 투자자가 봐야 할 정보는 기업의 실적과 가치value가 전부다. 기업의 본질만을 보는 습관을 들이면 코뿔소처럼 어리석은 투자자가 되지는 않을 것이다.

둘째, 끊임없는 변화야말로 120년 미국 주식시장의 상승 원동력임을 인지하자. 주식시장이란 많은 기업의 경쟁 가운데 성장하며, 우리는 그 성장에 투자함으로써 이익을 얻는다. 그런 의미에서 지금도 변화가 계속 일어나는 미국 주식시장은 앞으로도 상승이 가능할 것이다.

미국 주식시장은 금융위기 이후 꾸준한 상승세를 보여왔는데, S&P500 지수를 기준으로 현재까지 약 270%의 상승을 보였다. 실로 대단한 상승세다. 추가 상승과 관련해서는 의견이 분분한 것이 사실이며, 경제성장과 트럼프의 세제개혁안을 추가 상승 요소로 꼽기도 한다. 그러나 필자는 추가 상승한다면 그 근본적인 배경에는 미국 주식시장의 다양성과 변화가 있다고 생각한다.

미국의 시가총액 순위를 보라. 2012년부터 애플이 줄곧 시가총액 1위를 점하고 있으나 그 이전인 2006~2011년에는 에너지 기업인 엑슨모빌이 1위였다. 그보다 앞선 과거 10년간은 GE와 마이크로소프트가 1, 2위를 다퉜으며 더 이전에는 IBM과 통신기업인 AT&T가 각각 시가총액 1위를 차지했다.

그렇다면 앞으로 5년 후에도 애플이 시총 1위를 지키고 있을까?

혁신기업의 대표주자로 꼽히는 테슬라와 아마존, 구글 등이 1위에 오르리라 점치는 사람이 많다. 아예 새로운 기업이 나타나리라는 의견도 있다. 결론은 누구도 모른다는 것이다.

빠르게 변화하는 세상에서 기업들은 공정한 경쟁을 통해 자신을 차별화하며 성장하고 있다. 비디오 대여점에서 출발한 동영상 스트리밍 업체 넷플릭스는 어느덧 유료가입자 1억 6000만 명을 돌파하면서 기존의 영화산업을 흔들 정도로 위상이 커졌다. 2019년부터 이익을 내며 주가와 실적 면에서 모두 기염을 토하고 있는 테슬라의 시가총액은 무려 6400억 달러 수준(2021년 2월 기준)으로, 전 세계 모든 자동차 회사 가운데 가장 크다. 테슬라가 2010년에 상장한 회사라는 점을 감안하면 그보다 100년이나 역사가 깊은 포드의 시가총액을 넘어섰다는 점에서 더욱 놀라움이 느껴진다. 수익과 혁신 중 투자자들이 어떤 것을 더 선호하는지를 보여주는 예이다.

그뿐인가? 아마존과 월마트도 흥미진진한 경쟁의 한 획을 가르고 있다. 유통주의 대장 격인 월마트가 인터넷 서점으로 출발한 전자상거래 기업 아마존에게 시가총액 2500억 달러 부근에서 역전당한 시점이 2015년 7월 2일이었다. 그 뒤로 월마트의 시가총액은 3700억 달러 정도로 증가한 반면, 아마존은 무려 1.5조 달러 수준의 시가총액을 보여주면서 크게 성장했다(2021년 2월 기준).

이런 와중에 월마트는 제트닷컴JET.COM이라는 기업을 인수하며 온라인쇼핑에 집중했고, 200억 달러 규모의 자사주 매입을 공식 발표했다. 2015년 2월 이후 주가는 최고치를 경신 중이다. 월가의 예상으로는 2020년 이후로 월마트의 전체 매출 중 온라인 판매 비중이 40%를 넘어설 것이라고 한다. 한국의 이마트가 물건을 매장에서 반, 온라인에서 반을 판다고 가정하면 이해가 빠를 것이다.

한편, 아마존은 소매매출에 대한 추격을 예상하기라도 한 듯 사업을 다각화하고 있다. AWS Amazon Web Service를 통해서 클라우드 부문에 집중한 결과, 이것이 전체 매출의 13.5%를 차지할 정도로 크게 성장했다. 또한 큰 약점이었던 신선식품의 약세를 홀푸드마켓을 인수함으로써 보완했는데, 이로써 유통주간의 경쟁은 나날이 격렬하고 치열해지고 있다.

지금까지의 이야기는 상장한 기존 업체들의 이야기일 뿐 거래소 밖의 비상장업체들까지 감안하면 미국 시장의 경쟁과 이를 통한 변화와 성장은 더 가파를 것이다. 특히 사상 초유의 팬데믹 사태를 겪으며 파괴적 혁신은 더욱 가속화되고 있다. 얼마 지나면 전혀 들어보지도 못한 기업이 새로운 사업 아이템으로 주식시장을 떠들썩하게 할 수도 있으니 이 글을 읽는 순간에도 주식시장은 변화하고 성장한다는 점을 꼭 기억하기 바란다.

바로 이 점이 우리가 미국 주식시장에 투자해야 하는 또 다른 이유이다.

셋째, 미국 주식 투자는 영어의 문제, 시차의 문제가 아니다. 핑계는 버리고 투자의 기본으로 돌아가라.

미국 주식 투자 관련 세미나를 진행하면 가장 많이 나오는 이야기 중 하나가 영어를 몰라서 투자를 하지 못했다는 것이다. 물론 알파벳 하나 읽을 줄 모른다면 투자가 불가능할 것이다. 외국 기업 이름도 읽지 못할 테니 말이다. 그럼 반대로 물어보겠다.

국내 주식시장에서 활약하는 외국인 투자자들은 한국말을 잘할까? 그들이 과연 한국어에 능통해서 대한민국 주식시장에서 수익을 내고 있는 걸까?

나는 이미 이 단락 상단에서부터 영어를 못하므로 투자를 못한다는 건 핑계라고 결론 내리고 글을 쓰고 있다. 영어는 부수적인 요소에 불과하며, 설사 필요하다 해도 높은 실력이 요구되는 것은 아니다. 아니, 투자에 있어서 필요한 영어 실력은 기초 수준에 지나지 않는다. 중학교만 졸업하면 누구라도 가능한 수준이다.

필자가 국내에서 해외 주식 투자를 시작한 지 19년째다. 대한민국 코스피와 코스닥의 전체 시가총액이 2500조 원인데, 19년이 되어도 한국 내 해외 투자 보유주식 잔고가 28조 원을 넘어선 정도라니, 국내 주식 시가총액의 1.2%밖에 되지 않는 미미한 숫자를 보면서 미국 주식 전문가의 한 사람으로 안타까움을 느낀다.

그도 그럴 것이 2007년부터 국내에서 사랑받아온 아이폰은 2016년에만 300만 대가 팔렸고, 지금까지 국내에서 누적 2500만 대 이상이 팔렸다. 숫자만 놓고 볼 때, 전 국민의 반이 애플 사와 인연을 맺은 것이다. 하지만 국내 투자자가 보유한 애플 주식은 고작 100만 주밖에 되지 않는다. 2007년에 아이폰을 접하면서 주식을 샀더라면 그로부터 13년 후에는 2000%의 수익률을 얻을 수 있었을 것이다.

또한 국내 4,000만 명의 유저들이 매일 이용하는 페이스북을 생각해보자. 과연 몇 명이나 페이스북 주식을 보유하고 있을까? 페이스북은 국내 투자자들의 보유 주식이 너무 적어 한국예탁결제원 집계에서도 10위권 밖으로 밀려나 있을 정도다.

스타벅스는 미국과 중국 다음으로 한국에 매장을 많이 보유하고 있다. 대한민국에 존재하는 스타벅스 매장은 무려 1만 3000개로 전 세계 4위 규모다. 그만큼 많은 사람이 일상적으로 스타벅스를 이용하지만, 스타벅스의 주식을 살 생각은 하지 않는다. 국내 스타벅스 주식 보유자 역시 숫자가 너무 미미하여 집계에서 빠졌다. 그나마 아마존과 구글, 알리바바 등이 한국인이 많이 보유한 해외 주식들이다.

지금까지 언급된 기업 중 당신이 못 들어본 기업, 사업 내용을 모르는 기업이 있는가? 실적은 어차피 숫자로 기록되니 확인하는 데 무리가 없을 것이고, 기타 뉴스는 구글 번역기가 70% 이상의 번역률을 보여준다. 영어를 몰라서 미국 1등 기업, 유망 종목에 투자하지 못하는 게 아니다.

이외에 맥도날드, 버거킹, 파파존스피자, 나이키, 던킨도너츠, 크리스피크림, 트위터 등 우리 주변에서 흔히 볼 수 있는 해외 기업이 수없이 많다.

결국 영어를 못해서, 미국 기업을 몰라서 투자를 못한다는 것은 핑계에 불과하다. 투자하지 않은 데에는 아마 다른 이유가 있을 것이다. 즉, 너도나도 아는 이런 유명 글로벌 기업에 투자하여 무슨 수익이 나겠는가 하는 의문이 있었을 것이다. 아무도 모르는 비밀의 주식, 테마주니 작전주니 무슨 관련주니 하는 것에 투자해야 큰돈을 벌 수 있는 것 아닌가 생각할지 모른다.

만약 그렇다면 되묻고 싶다. 그런 주식으로 정말 돈을 번 적이 있는가?

뻔한 시장에서의 최근 10년간의 수익률을 보라. S&P500 지수는 185% 상승했고, 페이스북이 837%, 아마존이 2,300%, 넷플릭스가 2,925%, 구글이 520%라는 적지 않은 수익률을 기록했다. 지금 당신의 손에 들려 있을지 모르는 아이폰의 주인공, 애플은 무려 15년 동안 투자자들에게 연 평균 33%의 수익을 안겨준 기업이다.

이렇게 훌륭한 투자가 또 있는가? 이처럼 확실한 투자처가 있는데 단지 영어를 못한다는 이유만으로 포기한다면, 그야말로 안타까운 일이 아닌가?

아직 늦지 않았다. 시장은 광대하고 추가 상승의 가능성 또한 크다. 위와 같은 세 가지 이유를 명심하고, 더욱 적극적으로 미국 주식 투자에 관심을 가져보자. 또한 미국뿐 아니라 중국과 일본 그리고 유럽까지 조금씩이라도 공부하길 바란다. 가까이 있는 기업, 익숙한 브랜드부터 관심을 가져보자. 그래서 2021년은 진정한 글로벌 분산 투자를 실행에 옮기는 의미 있는 한 해가 되길 기원한다.

contents

PART 01

주식 투자, 왜 미국 주식이 답인가
변화에 대응하는 가장 강력한 시장

PART 02

세상에서 가장 쉬운 미국 주식 시작하기
영어 한마디 몰라도 문제 없다!

PART 03

생초보도 돈 버는 글로벌 유망 종목
지금 주목해야 할 직접 투자 종목 & ETF

PART 04

ETF 투자 가이드 & 주요 테마별 ETF
전 세계 ETF를 한 권에! ETF 백과사전

변화에 대응하는
가장 강력한 시장

주식 투자,
왜 미국 주식이
답인가?

미국 주식 투자,
왜 지금 당장 시작해야 할까?

안정적으로 오르는 세계 최대 시장,
미국 주식에 투자하라

미국 주식시장은 시가총액이 약 6.5경 원의 시장으로 전 세계에서 가장 큰 시장이다. 약 2만여 개의 세계적인 기업, 즉 애플, 구글, 아마존 등과 같은 개별 종목과 다양한 ETF/ETP에 투자가 가능하며 전 세계 36개국을 대표하는 ADR(미국에서 발행한 증권) 투자를 통해 글로벌 분산투자가 가능하다.

미국 주식시장은 규모가 큰 시장일 뿐 아니라 매우 합리적인 시장이기도 하다. 한국보다 2배 이상 높은 기관투자의 비중은 시장의 안전판 역할을 하고 있으며, 상하한가 제도가 없는 시장임에도 불구하고 평균적으로 일평균 ±2~3%의 비교적 안정적인 흐름을 보인다.

안전자산을 확보할 수 있다는 점 또한 미국 주식시장에 투자해야 할 이유이다. 달러는 기축통화이기 때문에, 특히 국내외 경제의 변동성과 불안이 강해질수록 보유해야 할 이유가 큰 자산이다. 미국 주식에 투자한다는 것은 곧 달러를 보유하는 것과 같은 의미다.

● 주요국 투자 주체별 주식시장 비중 비교(13년 말 기준)

자료 : NH 투자증권 리서치센터, 「오래된 미래(2) 살아남은 자! 살아남을 자?」

기관투자자 비중	한국	미국	일본
	17.1%	47.1%	21.4%

● 성공적인 포트폴리오에서 중요한 요인은?

자료 : Financial Analysts Journal

자산 배분	종목 선정	기타 요인	매매 타이밍
91.5%	4.6%	2.1%	1.8%

또 안전자산이라는 의미 외에 한국 시장에 대한 헤지 개념에서도 달러는 중요하다. 역사적으로 달러와 코스피 지수는 반대의 모습을 보여왔다. 달러가 강해지면 외국인의 돈이 미국으로 빠져나가는데, 이는 국내 주식시장의 입장에서 보면 외국인 투자자의 이탈로 풀이될 수 있기 때문이다.

「금융분석저널Financial Analysts Journal」의 설문조사에 따르면 글로벌분산투자를 잘하는 것이 성공적인 포트폴리오 구성에 가장 중요한 요소라는 것이 확인되었다고 한다(위의 표 참조). 대한민국의 개인투자자 대부분은 종목 선택과 매매 타이밍을 잘 선택하는 것이 중요하다고 생각하는 데 비해 실제 그렇다고 대답한 펀드 매니저는 각각 4.6%와 1.8%에 불과했음을 알 수 있다.

《포브스Forbes》가 분석한 자료도 흥미롭다. 2001년부터 2011년까지 10년 동안 운용수익률에 있어서 자국 내의 투자, 즉 미국에만 투자한 경우는 수익률이 155%였던 것에 비해서 글로벌 분산투자의 수익률은 190%로 운용수익률

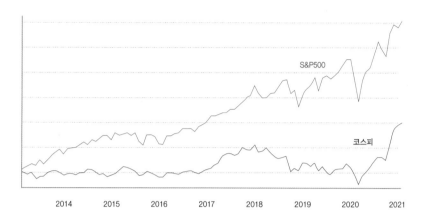

●── 미국과 한국의 최근 7년간 주가지수 추이 비교

면에서도 큰 차이를 보인다.

최근 7년간 한국과 미국 주식시장의 흐름도 마찬가지다. 위의 그림처럼 미국 167.23%, 한국 50.87%의 상승 움직임을 보였다. 기복이 있었다고는 하지만 결과적으로 보아 미국 시장은 꾸준히 상승한 반면 한국은 최근에 상승을 했지만 2012년부터 2016년까지는 박스피에 갇혀 있기도 했다. 본서의 두 번째 판을 냈던 2018년 이후의 추이를 보아도 마찬가지다. 당시 '미국 주식이 이미 너무 많이 올랐다'며 포기했던 투자자들 중에는 '그때라도 미국에 투자할 걸' 하고 후회하는 경우가 적지 않을 것이다.

단 한 주라도
매수해야 하는 이유

주식은 확률의 게임,
이길 확률이 높은 곳에 하루라도 빨리 투자하라

이 책을 읽는 독자라면 한 번쯤 주식 투자를 해봤거나 아니면 한번 해볼까 하는 마음이 있는 사람일 것이다. 필자가 추정하기로, 대한민국에 실질적인 주식 투자자는 500만 명(계좌 수는 2000만 개가 넘지만, 만들어놓고 사용하지 않는 계좌의 수가 훨씬 더 많다)에 불과하다. 말로는 주식 투자를 한다고 하지만, 알고 보면 주식 '투기'를 하고 있는 사람이 그중 9할이 넘으리라고 본다.

다들 자신은 '투자'를 하고 있다고 생각한다. 그런데 어디 나가서 당당하게 "저 주식 투자 하고 있어요"라고 말하는 사람은 드물다. 정말 자신의 투자에 자신이 있다면, 투자를 숨길 이유가 무엇인가? 이런 이야기를 하면 종종 "아버지가 돌아가시기 전에 절대 주식 투자 하지 말라고 했다"는 사람들도 있다. 그런데 그런 분들이 실제로 경험하거나 혹은 간접 경험한 주식 투자란 대부분이 돈 넣고 돈 먹는 식의 주식 투기다. 그만큼 한국 주식 투자자들의 머릿속에 투자와 투기의 개념이 모호하다는 것이다.

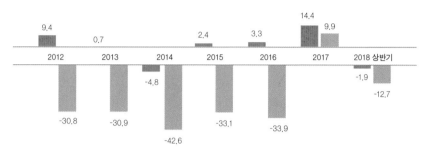

9.4 0.7 2.4 3.3 14.4 9.9

2012 2013 2014 2015 2016 2017 2018 상반기

-4.8 -1.9

-12.7

-30.8 -30.9

-33.1

-33.9

-42.6

주식 투자로 돈 많이 버셨습니까?

개인들이 순매수한 상위 10개 종목의 수익률을 보자. 코스피가 올라가도 개인들의 수익률은 처참한 마이너스를 기록하고 있음을 알 수 있다. 딱 한 번, 2017년에는 개인들도 수익을 냈지만 지수에는 미치지 못했다. 이런 경험을 거듭한 개인 투자자들은 일종의 트라우마를 가지게 되는데, 주식을 꾸준히 보유해 수익을 내기란 불가능하다고 생각하는 것이다.

필자가 항상 이야기하는 것이 있다. 주식 투자는 바로 확률의 게임이라는 것이다. 다시 위의 그래프를 보자. 확률적으로 개인 투자자가 지수를 이기는 것이 가능해 보이는가? 이기는 건 고사하고 지수를 쫓아가기도 쉽지 않다. 확률이 낮은 판에 계속 베팅한다면, 어쩌다 한두 번 '초심자의 행운'을 겪을지는 몰라도 그 결과란 뻔할 것이다.

그렇다면 미국 주식 투자자는 어땠을까? 1928년부터 2018년까지의 미국 주식의 기록을 보자. 다음 페이지의 그래프는 S&P500을 보유한 기간에 따른 평

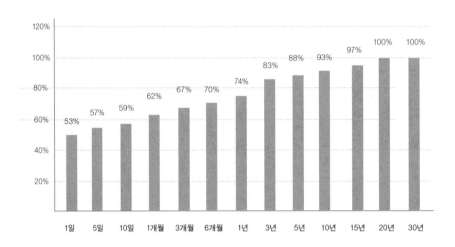

●── 보유 기간에 따른 S&P500 평균 수익률 (1928~2018)

균 수익률을 나타내는 것이다. 하루를 보유했을 경우 평균 수익률은 53%, 3개월을 보유한 경우 67%, 1년을 보유한 경우 74%의 수익률을 냈다. 3년부터 수익률은 80%를 넘어서 10년을 보유한 경우 93%, 15년 이상 보유하면 평균 100%의 수익이 났다.

1928년 이래 미국에도 악재는 계속 있어왔다. 대표적으로 1929년 대공황이 있었고, 2차 세계대전이 있었으며, 하루에 22%가 떨어진 1987년 블랙먼데이와 2000년대 초반 닷컴 버블 붕괴, 2008년 리먼 사태도 있었다. 그럼에도 불구하고 위와 같은 평균 수익률이 나온 것이다.

여기서 필자가 하고 싶은 말은 미국 주식을 하면 무조건 돈 번다는 이야기가 아니다. 절대 그렇지 않다. 반대로 한국 주식을 한다고 반드시 손해나는 것도 아니다. 가끔 한국 주식을 다 팔고 미국 시장에 올인해야 하냐고 묻는 분들이 있다. 필자는 그런 투자는 만류한다. 중요한 것은 기본적인 원칙, 그리고 팩트에 기초하여 투기가 아닌 '투자'를 해야 한다는 점이다.

미국 시장과 한국 시장의 차이는 극명하다. 꾸준하게 이익이 나는 시장과 그렇지 못한 시장, 그리고 변동성이 큰 시장과 변동성이 작은 시장이라는 점이다. 미국 시장은 분명 선진 시장이며, 한국 시장에 비해 리스크가 낮다.

투자에 대한 시각을 원점으로 되돌려라

본격적으로 미국 주식 투자를 시작하기 전에 여러분이 잊어야 할 것들이 있다. 대표적인 세 가지가 바로 '차트, 수급, 전문가'다. 특히 한국 주식을 오래 해온 투자자라면 투자 마인드와 개념을 완전히 '리셋'해야 한다.

차트를 보고 미래를 알 수 있을까? 수급을 보고 벌어질 일들을 예측하는 게 가능할까? 필자가 장담하건대, 결코 불가능하다. 미래는 신의 영역임을 명심하자. 그런데 아이러니하게도 대한민국 증권사의 HTS, MTS에는 온갖 종류의 차트와 수급 관련 정보가 등장한다. 전 세계에 이런 실시간 정보가 제공되는 곳은 우리나라뿐이다. 외국인, 기관투자자들의 매수 현황을 알려주는 것도 마찬가지다. 이런 것들을 통해 주가를 예측할 수 있다고 하는 전문가의 책이 혹시라도 책장에 꽂혀 있다면 바로 버리거나 중고서점에 파는 것을 추천한다. 다른 것은 둘째 치고, 결과만 보아도 알 수 있다. 이런 식의 투자 방식으로 돈 번 사람이 과연 우리 주변에 얼마나 있는가? 소위 전문가들의 말대로 큰돈을 번 사람이 얼마나 존재하나? 거의 없을 것이다. 바로 그 '사실'을 받아들여야 한다. 확률상 이길 가능성이 거의 없는 게임이라는 사실을 말이다.

물론 필자 주위에도 한국 주식으로 큰돈을 번 경우가 있다. 공통점은 5년 이상 장기간 보유하며 해당 산업과 기업에 대해 애널리스트들보다 더 많이 알고, 투자하는 회사를 찾아가는 등의 수고를 아끼지 않았다는 것이다. 그 정도의 공부와 노력, 그리고 그에 기반한 확신이 있어야 한다.

이때 확신이란 바로 이익에 대한 확신이다. 이익이 생기면 주가는 올라가고, 이익이 없으면 주가는 떨어진다. S&P500의 어느 종목이든 하나를 골라 주가와 주당이익EPS을 비교해보라. 방향성은 정확하다. 주가는 이익을 좇아간다. 이와 관련해서는 2장에서 더욱 자세히 말할 예정이다(비단 미국뿐 아니라 어느 나라 주식이든 주가는 이익을 따라 움직이는 것이지, 차트나 수급 때문에 오르내리는 것이 아니다).

미국 주식, 사기에 너무 늦은 때란 없다

그런데 너무 많이 올랐다고?

미국 주식은 120년 동안 올랐다. 앞으로 더 기다려야 할까? 물론 한 번씩 폭락장이 오긴 한다. 대공황 때 그랬고, 리먼사태 때 그랬고, 최근에는 코로나19가 미국에서 확산되기 시작했을 때 그랬다. 그러나 결국은? 여러분도 잘 알다시피 다시 상승했다.

이쯤에서 미국 시장의 또 다른 특징을 짚어보자면, 바로 신뢰도가 높은 시장이라는 점이다. 투자자는 어닝만 보면 된다. 즉, 주가와 주당순이익 차트만 보면 사야 할 주식인지 그렇지 않은 주식인지를 알 수 있다. 크게 오른 주식들 또한 주당이익을 보면 설명이 되는 경우가 대다수다. 지난 개정판을 냈던 2018년, 많은 사람이 미국 주식이 지나치게 올랐다고 말했지만 당시에도 주가에 비해 이익이 높았다. 즉 상승할 여력이 더 있었던 것이고, 이는 지난 2년간 실제로 증명되었다.

뱅가드를 만든 전설적인 투자자 존 보글John Bogle은 "미국이 여전히 제일 이상적인 투자대상이다. 전 세계에서 가장 기술 지향적인 경제를 가지고 있다. 결국은 미국이 전 세계를 압도할 것이다. 주식 투자란 어느 나라 경제가 강한지에 대한 베팅일 뿐이다"라고 했다. 이를 증명하기라도 하듯, 팬데믹 이후 미국의 기술주들이 연일 최고가를 경신하는 상황이다. 투자자로서 우리가 주목할 것은 바로 이 같은 팩트이다.

코로나19 이후,
세계의 변화를 선도할 시장

○ 03 ○

급변하는 세상, S&P500에 투자하는 것이
변화를 주도하는 기업에 투자하는 것이다

코로나19로 인한 팬데믹 상황은 실적의 급속한 하강, 파산 기업의 속출, 퀄리티가 유지되지 않는 기업 증가 등의 우려를 낳았다. 세상이 빠르게 바뀌어 나가는 가운데 2020년 S&P500 구성 종목의 변동 가능성이 점쳐지기도 했다. 매년 정기·비정기적으로 열리는 S&P500 종목위원회에서 최소 25개에서 많게는 50개까지 기업이 바뀌리란 것이었다. 이와 관련해 월스트리트 투자 전문 매체인 바론스barrons.com는 「S&P500 인덱스펀드를 가지고 있는가? 코로나바이러스가 그것을 바꿀 수 있다Own an S&P500 Index Fund? Coronavirus Could Transform It」라는 기사를 통해 코로나19로 인하여 S&P500에 감지되는 변화와 테슬라의 편입 가능성을 전하기도 했다.

어떤 기업이 S&P500 지수에 새롭게 편입된다는 것은 그만큼 이탈하는 기업이 생긴다는 뜻으로, 새로 편입되는 기업 투자자들에게는 낭보朗報지만 이탈 기업 투자자들에게는 낭패가 될 수 있다. 이 상황에서 가장 현명한 투자는 무엇일까? 지수를 추종하는 인덱스펀드에 투자하는 것일 테다. 새로운 종목이 들어오든, 기존 종목이 떨어져 나가든 인덱스펀드는 변화된 S&P500을 따라갈 것이기 때문이다.

단기적으로는 지수를 이기는 사람이 있을 수 있으나 3~5년간 꾸준히 이기기란 불가능하다. 여기에 더해, 앞으로 변화가 가속화됨에 따라 향후 5년, 10년간 S&P500을 이기기란 더욱 어려워질 것이다.

변화는 두렵게 느껴지지만 미국 시장은 바로 그 변화로 인해 끊임없이 성장할 수 있었다. 지금까지 변화와 혁신은 미국 시장의 상승 동력이었다. 이 점을 이해하기 위해 다음과 같은 가정을 해보자. 만약 지난 10년간 애플, 마이크로소프트, 구글이 없었다면 미국 시장은 어떻게 되었을까? S&P500 지수는 지금보다 23% 아래였을 것이다. 참고로, 이들 3개 기업의 10년 전 시가총액은 현재 테슬라의 시가총액 수준이었다.

파괴적 혁신 기업, 성장하는 기업에 주목해야 하는 이유다.

중대 기로에 선 정부 정책

코로나19 이후 점쳐지는 전 세계적 경향들에 대해 알아보자.

첫째, 헬스케어(의료)에 대한 투자가 증가될 것이다. 미국과 유럽 같은 선진국조차도 부족한 의료 인구와 침상으로 인해 어려움을 겪었다. 따라서 앞으로 의료 인구를 늘리기 위한 각국의 투자가 이어질 테고, 의료기기와 설비에 대한 투자 또한 확대될 것이다. 그렇다면 상대적으로 감소될 예산은 무엇일까? 전통적인 인프라 투자는 감소할 것으로 예상된다. 특히 선진국에서 공항을 짓는 등의 인프라 투자 수요는 줄어들 것이다.

둘째, 각국의 복지가 확대되고 마이너스 금리의 유혹은 커질 것이다. 전염병 뿐 아니라 디지털 트랜스포메이션이 가속화되는 상황에서 일자리가 줄어들 것은 확실하다. 복지 확대가 불가피한 상황에서 이는 국채 발행 증가로 이어질 것이다.

셋째, 해외 제조 공장들이 자국으로 돌아올 것이며, 이는 제조원가를 상승시킬 것이다. 팬데믹 사태로 인해 기업들은 한 국가의 경제가 폐쇄됐을 경우의 리스크를 톡톡히 맛보았다. 이 같은 위험에 대비하기 위해 공장을 각국으로 분산시키거나 자국으로 귀환시킬 텐데, 이는 당연히 제조원가의 상승 요인이 된다.

변혁기의 투자 원칙

우리는 이러한 세상의 변화에 주목해야 한다. 그렇다면 변혁기에, 우리는 어떤 원칙을 가지고 투자에 임해야 하는가? 필자는 크게 다음 네 가지의 태도를 권한다.

❶ 신중한 종목 선택
❷ 마이너스 금리 시대 가능성을 염두에 둔 투자
❸ 변동성에 대비한 철저한 관리, 포트폴리오 분산
❹ 코로나19가 가속화시킨 파괴적 혁신에 주목

세상에 돈이 넘쳐나서 아무거나 사도 올라갈 때가 분명히 있다. 그러나 지금은 코로나19의 여파로 대부분 기업들의 수익이 많이 줄어든 상황이다. 또한 마이너스 금리 시대의 도래 가능성을 완전히 배제할 수 없으며, 마이너스 금리가 된다면 채권 수요가 더 몰릴 수 있다. 변동성에 대한 철저한 관리, 포트폴리오 분산은 불가피하다.

여기까지 보면 투자가 불안해 보이기만 한다. 그러나 한 가지 희망이 있다.

과거 이런 시기마다 어려움을 뚫고 나오는 가능성의 기업들이 항상 존재했다는 사실이다. 바로 파괴적 혁신 기업들이다.

파괴적 혁신은 멀리 있지 않다. 미국에서 배달 시장이 커지는 것 또한 파괴적 혁신의 예다. 비디오 대여를 영상 스트리밍으로, 나아가 제작까지 하면서 비디오 대여 시장만이 아니라 영화 시장의 판도까지 바꾸고 있는 넷플릭스 또한 파괴적 혁신의 대표적 사례라고 할 수 있다. 그렇다면 파괴적 혁신이란 대체 무엇일까?

하버드 경영대학원 석좌교수인 클레이튼 크리스텐슨Clayton Christense이 주창한 파괴적 혁신은, 단순하고 저렴한 제품 또는 서비스로 시장 밑바탕을 공략해 기존 시장을 파괴하고 시장을 장악하는 전략이다. 최근에는 세상에 없던 신기술과 서비스로 기존 산업 체제를 파괴하고 독자적인 영역을 구축하는 의미로 확대 해석되고 있다.

ARK인베스트의 CEO 캐서린 우드Catherine Wood는 "변혁의 시기에 파괴적 혁신 기업의 성장 속도는 더욱 빨라지고, 추격 기업과의 격차는 더욱 확대되는 경향이 나타난다"고 말한다. 테슬라를 예로 들어보자. 얼마 전까지만 해도 테슬라와 기존 자동차 메이커들과의 기술 격차는 3년 정도로 여겨졌다. 그런데 이 시기를 지나며 기존 자동차 메이커들의 실적이 악화되었고 투자 여력이 줄어들면서 기술 격차는 5년까지 벌어졌다는 것이 캐서린 우드의 주장이다.

뉴노멀의 시대, 주목해야 할 트렌드와 종목

뉴노멀New Normal이란 시대 변화에 따라 새롭게 부상하는 생활 습관, 방식을 뜻한다. 뉴노멀 시대, 주목해야 할 트렌드를 알아보자.

❶ 이커머스 확대

❷ 스트리밍(극장이 아닌 집에서 영화를 본다는 사람이 70%에 달했다!)

❸ 온라인 음식 배달

❹ 게임과 클라우드 컴퓨팅

❺ 재택 근무

❻ 원격의료서비스

관련하여 당뇨병을 측정하는 연속당측정기CGM를 선보이고 있는 덱스콤Dexcom(DXCM), 빅데이터 분석 플랫폼으로 머신데이터 세상의 구글이라 불리는 스플렁크Splunk(SPLK), 세계 명문대학들의 디지털 플랫폼 구축 솔루션 2U INC(TWOU), 대표적인 원격의료 업체인 텔라닥Teladoc(TDOC), 데이터 저장센터를 임대해주는 리츠 회사인 에퀴닉스Equinix(EQIX), 대화형 홈 피트니스 플랫폼 펠로톤Peloton(PTON) 그리고 우버UBER(UBER) 등의 기업에 한 번쯤 관심을 가져보길 권한다.

ETF로는 가장 쉽지만 가장 확실한 것, 즉 SPY ETFSPDR S&P500 Trust ETF가 아주 강력한 무기가 될 수 있다. 앞서 S&P500을 추종하는 인덱스펀드에 투자하는 것이 현명한 방법이라고 했는데, 그러한 인덱스펀드 중 대표적인 것이 바로 SPY이다. 변동성이 큰 시장에서 종목 변화를 커버하는 가장 좋은 방법이

될 수 있다.

한편 ARKK ETFARK Innovation ETF는 앞서 소개한 캐서린 우드가 만든 것으로, 파괴적 혁신 종목들을 모아놓은 상품이다. 지수 추종형이 아니라 액티브형 펀드로, 캐서린 우드의 펀드 운영 철학과 원칙에 따라 운영한다.

글로벌 투자의 대안, ETF란 무엇인가

04

미국 주식 투자의 대세,
ETF 투자

한국인으로 태어나서 정규교육을 받으며 살아왔고 주식 투자도 계속해서 한국 주식에만 해온 대한민국 투자자들. 우리에게 익숙한 기업에 대한 주식 투자도 힘든데, 이름부터 생소하고 언어도 다르며 거래 시간도 다른 미국이나 중국, 혹은 일본 주식으로 얼마나 돈을 벌 수 있을지 걱정부터 하는 경우가 많다. 더욱이 해외 투자라고 하면 희망보다는 흑역사의 경험이 많다는 것도 부담이다.

지금으로부터 13년 전쯤이었던 2007년, 대한민국 국민이 열광했던 국민펀드가 있었다. 미래에셋의 '인사이트펀드'다. 내로라하는 재벌 출신이 아닌, 평범한 증권회사 직원으로 시작한 박현주 미래에셋 회장이 내놓은 인사이트펀드는 전국의 은행과 증권, 심지어는 보험사 고객들로부터도 자금을 빨아들였다. 때마침 뜨기 시작한 브릭스BRICS(브라질·러시아·인도·중국·남아프리카공화국의 신흥경제 5개국)를 비롯해 선진국 주식들에 골고루 투자해준다는 데 수많은 투자자가 호응했다.

미국 주식이 답이다

그러나 이후 6년 동안 대한민국 투자자들은 한마디로 '호구'가 되었고, 인사이트펀드는 출범으로부터 무려 7년이 지난 2014년에 이르러서야 원금을 회복할 정도로 투자자들을 고생시켰다. 그 영향으로 직접 주식 투자를 경험했던 투자자는 물론이거니와 경험이 없는 일반 고객들도 해외펀드라면 손사래를 치게되었다.

인사이트펀드만이 아니다. 불과 수년 전 일부 대형 증권사를 중심으로 브라질 채권펀드를 집중적으로 마케팅하기 시작해 약 7조 원가량의 판매고를 올렸지만, 지금까지의 결과는 한마디로 참혹했다. 직접 투자도 마찬가지다. 매도보다는 매수 플레이에 익숙한 대한민국 투자가들은 유가 급락기에 적극적인 매수로 대응한 경우가 대부분이었고, 그 결과 고스란히 대규모 손실이라는 결과를 얻은 경우가 많다.

이상의 이유로 인해 해외 투자의 필요성과 그 비전을 이해했더라도 직접 주식을 찾아내서 매매하기가 아직은 부담스러운 독자가 많을 것이다. 이들을 위해서 대안을 제시하고 싶다. ETF를 통한 글로벌 투자가 그것이다.

왜 ETF인가?

ETF란 'Exchange Traded Fund'를 줄인 말로, 풀어서 설명하자면 '상장지수 집합투자증권'이라 할 수 있다. 코스피200과 같은 특정 지수 및 특정 자산의 가격 움직임과 수익률이 연동되도록 설계된 펀드로, 펀드 형식이지만 거래소 시장에서 직접 사거나 팔면서 거래가 쉽게 된다는 것이 장점이다.

종목 선택에 어려움을 겪거나 개별 종목 매매에 따른 각종 리스크가 부담스러운 투자자들에게는 ETF가 최선의 선택이 될 수 있다. 분산 투자가 가능하고 전체 개별 주식을 직접 매매하는 것보다 비용도 저렴하다. 전문적인 자산운용 사가 기준에 맞게 펀드를 운용하기 때문에 특정 펀드 매니저의 자의적 판단에 따른 리스크가 적은 것도 장점이다.

우리나라에는 약 200여 개의 ETF가 상장되어 있다. 대표적인 것이 코스피 200을 100% 추종하는 KODEX200, 2배로 추종하는 레버리지, 혹은 역으로 추종하는 인버스 등으로 이미 많은 투자가들에게 인기를 끌고 있다.

특정 섹터나 지역을 추종하는 ETF도 많다. 헬스케어 업종만 집중적으로 다 루거나 혹은 특정 재벌그룹만 거래하는 ETF도 있다. 심지어는 한류와 관련된 각종 콘텐츠만 전문으로 다루는 ETF도 존재한다.

그러나 유동성이 부족하기 때문에 거래에 어려움이 있는 ETF도 상당히 많 다. 특히 국내에 상장된 ETF를 거래할 때는 유의할 필요가 있겠다.

반면에 글로벌 시장에서 거래되는 ETF는 거래에 문제가 전혀 없을 정도로 유동성이 풍부한 경우가 대부분이기 때문에 초보 글로벌 투자자라면 ETF를 통 한 접근을 적극 권한다.

1993년, 미국에서 S&P500을 추종하는 SPDR(스파이더) 펀드가 처음 생긴 이 래 글로벌 시장에서 ETF 시장은 눈부실 정도로 커졌으며, 전 세계 ETF 시장은 여전히 고성장 중이다. 2010년 1조 3000억 달러 규모였을 때에도 모두 "ETF 시 장이 매우 커졌다"고 했는데, 2019년에는 무려 6조 1000억 달러에 이르렀다. 불 과 9년 만에 5배 규모로 확장된 것이다. 중요한 것은 이것이 끝이 아니란 사실 이다. ETF 시장은 고속 성장을 계속할 것으로 전망된다(자세한 내용은 이 책의 4 장 〈ETF 투자 완벽 가이드 & 주요 테마별 ETF〉를 참고하길 바란다).

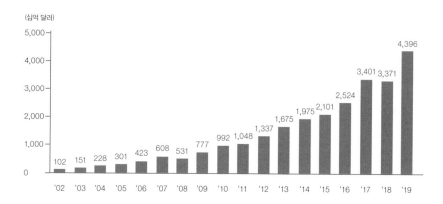

●── 미국의 ETF 시장 규모

자료 : www.statista.com/statistics/295632/etf-us-net-assets/

ETF, 어떻게 활용하면 좋을까?

산업별 성장 사이클이 갈수록 빨라지는 초스피드 디지털 시대로 진입하면서 개별 기업들에 대한 장기적 재무적 판단이 점차 어려워지고, 그만큼 리스크도 커졌다. 이로 인해 개인이나 기관 모두 종목 선택에 어려움을 겪는 것이 미국에서 ETF 시장이 확산되는 계기가 되었다.

예를 들어보자. 첨단 로봇, 무인 폭격기, 혹은 가상현실VR에 대한 사회적 관심이 커지면 누구나 그런 섹터의 성장성을 믿기 마련이다. 그렇지만 전문지식이 적은 투자자들의 경우, 특정 기업을 선택해서 직접 매매하기에는 부담이 클 수밖에 없다. 바로 그런 점이 ETF를 통한 투자의 매력을 높여준다.

전 세계가 냉전 시대로 회귀하면서 각국의 군사방위 비용이 늘어날 것 같다면 방위산업 섹터에 집중적으로 투자하는 ETF를 찾으면 된다. 전기차 시장이 확대되리란 확신이 든다면 2차 전지나 각종 스마트 소재나 부품을 주로 다루는 ETF를 찾으면 된다는 것이다.

ETF 데이터 확인하기

구글, 야후를 비롯한 다양한 포털 사이트와 etfdb.com 같은 전문 사이트에서 투자자 입맛에 맞는 섹터를 선정하는 데 필요한 기본적인 수치 데이터는 물론이고 주요 구성 종목들을 제공하고 있다. 또한 대부분의 전문 사이트나 해당 ETF의 운용사 사이트에서도 기본적인 가격 데이터나 운용자 등을 소개한다.

아래 그림을 보자. 주요 보유기업holdings을 검색함으로써 TAN이라는 심볼을 쓰는 태양광 관련 ETF는 퍼스트 솔라, 선파워, 캐나다 솔라 등을 보유하고 있

● 구겐하임 솔라 ETF(TAN)의 예

자료 : www.guggenheiminvestments.com

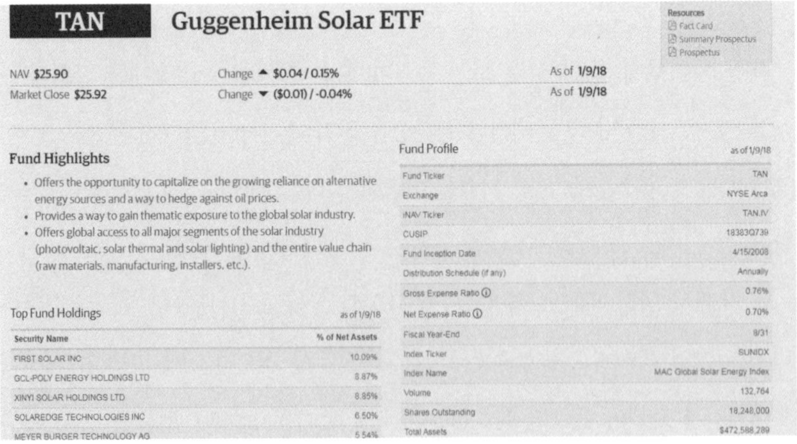

TAN Guggenheim Solar ETF

Resources
Fact Card
Summary Prospectus
Prospectus

NAV **$25.90** Change ▲ **$0.04 / 0.15%** As of **1/9/18**
Market Close **$25.92** Change ▼ **($0.01) / -0.04%** As of **1/9/18**

Fund Highlights

- Offers the opportunity to capitalize on the growing reliance on alternative energy sources and a way to hedge against oil prices.
- Provides a way to gain thematic exposure to the global solar industry.
- Offers global access to all major segments of the solar industry (photovoltaic, solar thermal and solar lighting) and the entire value chain (raw materials, manufacturing, installers, etc.).

Top Fund Holdings as of 1/9/18

Security Name	% of Net Assets
FIRST SOLAR INC	10.09%
GCL-POLY ENERGY HOLDINGS LTD	8.87%
XINYI SOLAR HOLDINGS LTD	8.85%
SOLAREDGE TECHNOLOGIES INC	6.50%
MEYER BURGER TECHNOLOGY AG	5.54%

Fund Profile as of 1/9/18

Fund Ticker	TAN
Exchange	NYSE Arca
iNAV Ticker	TAN.IV
CUSIP	18383Q739
Fund Inception Date	4/15/2008
Distribution Schedule (if any)	Annually
Gross Expense Ratio	0.76%
Net Expense Ratio	0.70%
Fiscal Year-End	8/31
Index Ticker	SUNIDX
Index Name	MAC Global Solar Energy Index
Volume	132,764
Shares Outstanding	18,248,000
Total Assets	$472,588,289

음을 확인할 수 있다.

특히 요즘은 개인, 기관의 개별 선호도 등을 고려해 맞춤식 ETF 포트폴리오를 제공하는 서비스들도 많이 개발되어 실제 이용도를 높이고 있다. 뱅가드나 찰스 슈왑 등은 컴퓨터 알고리즘을 이용해 ETF의 선택과 매매에 도움을 주고 있기도 하다. 바로 요즘 우리나라 금융권에서도 막 활용되기 시작한 로보 어드바이저가 바로 그런 개념이다.

가장 빨리 변화의 흐름에
올라타는 투자 방법

05

밀레니얼 투자자들의 선택,
미국 ETF에 관심을 가져야 할 이유

미국의 경우 젊을수록 자산 중 주식 비중이 높아 거의 93%에 이르며 그중에서도 ETF에 대한 선호도가 매우 높다. 그렇다면 밀레니얼들은 어떤 관점에서 투자를 하고 있을까? 그와 관련된 연구를 보자. 「밀레니얼들은 어떻게 투자 게임을 바꾸고 있는가How millennials are changing the investment game」라는 ETF 트렌즈닷컴ETFTRENDS.com의 기사는 밀레니얼 투자자들의 특징을 다음과 같이 이야기한다.

- 월스트리트에 불만을 가지고 있다.
- 전 세계를 돕는 일에 관심이 많다(사회 개선의 목적에 치중한다).
- 전문가들의 조언을 믿지 않는다.
- 신뢰성과 투명성을 중시한다.
- 기술을 탐색한다.

- 의사소통에 능숙하다.
- 데이터를 사용해 추천 종목을 커스터마이즈화 한다.
- (이전 세대에 비해) 기업가정신을 더 많이 가지고 있다.

이상의 내용을 종합해보면, 밀레니얼들은 투자 전문가들의 의견보다는 '투명한 데이터'에 근거하여 약속된 방식으로 투자하는 편을 선호한다는 걸 알 수 있다. 여기에 딱 들어맞는 것이 바로 ETF이다.

뱅크오브아메리카는 ETF 시장이 연평균 25%씩 성장할 것으로 예상한다. 미국 기준 2019년에는 4조 3000억 달러, 2020년에는 5조 3000억 달러, 2025년에는 20조 달러, 2030년에는 50조 달러로 늘어나리란 것이다. 10년 동안 열 배 규모로 커진다는 것인데, 사실일까?

이는 필자 혹은 개별 전문가의 견해가 아니다. 과거의 추이를 따져 미래를 보았을 때 이렇게 예상된다는 것이다. 또한 미국 시장만의 경향성도 아니다. 대한민국 주식시장에서도 ETF는 점차 커질 수밖에 없다.

당신이 찾는 테마주, ETF에 다 있다

주식 투자자라면 누구나 '테마주'에 관심을 가져본 일이 있을 것이다. 우리뿐 아니라 미국도 마찬가지로, 어떤 테마가 뜬다고 하면 관련 기업들에 대한 관심이 높아지는 것은 당연하다. 여기서 기업의 진정한 가치를 판단하고 투자하느냐 아니냐에 따라 투기냐 투자냐가 갈라질 뿐이다. 기업 분석에 대한 자료가 일천한 상황에서 테마에 섣불리 손대면 결국 뼈아픈 실패를 경험하게 된다. 기존 세대라면 '역시 주식은 하는 게 아니야'라며 손 뗄지 모른다. 그러나 클라우드, 인공지능, 디지털 트랜스포메이션 등 미래 산업에 확신을 가지고 있는 밀레니얼들은 다르다. 개별 종목보다는 산업 자체에 투자하기를 선택할 것이다. 또한 이익 창출보다 사회 개선에 더욱 관심을 가지고, 급등 종목에 투자하기보다는 '목적'에 투자하는 경향이 높아질 것이다. 즉, 테마주 트레이드는 결국 ETF 시장으로 귀결될 것이며 이는 이미 미국 시장에서 확인되고 있는 트렌드다.

전 세계 개인 투자자들이 미국 ETF에 주목하는 이유

첫째, 종목 선택이 어렵기 때문이다. 이는 필자도 예외가 아니다. 주식 투자를 해본 분들은 알겠지만, 상장된 개별 기업들을 제대로 이해하고 투자를 선택하기란 여간 어렵지 않다. 특히 미국은 더욱 그렇다. 6000~7000여 종이 상장돼 있으며, 유명한 러셀3000 지수에만도 3000개의 기업이 이름을 올리고 있다. 아무리 관심이 많다 해도 개별 기업들에 대한 이해를 고루 갖추기란 매우 어려운 일이다.

둘째, 소위 뮤추얼펀드, 헤지펀드로 대표되는 '액티브펀드'에 대한 불만족이 높기 때문이다. 1990~2000년대 초반까지 시장을 풍미했던 액티브펀드는 공격적인 투자를 통해 수익률을 높이는 펀드다. 액티브펀드는 성장주의 매수 선점 등을 통해 시장 이상의 수익률을 목표로 하다 보니 리서치 비용이 많이 든다. 과감하고도 적극적인 운용에 드는 비용도 만만치 않다. 그런데 애초 목적인 '시장을 이기는 수익률'을 실제로 달성하는 비율은 매년 10%도 안 되고, 3년 연속 시장을 이기는 것은 2~3%에 불과하다. 비싼 값을 지불했는데 수익이 안 나는 것이다. 투자자 입장에서는 당연히 불만족스러울 수밖에 없다. 이같은 액티브펀드의 반대편에 있는 것이 '패시브펀드'로 인덱스펀드, 즉 ETF가 대표적이다. 지수를 따라가다 보니 운용에 특별히 큰돈이 들어가지 않으며 수익률도 어느 정도 예상이 가능하다. 다시 말해 펀드 보수는 저렴하고 수익은 안정적인 것이다.

셋째, 성장 테마에 대한 지식이 부족하기 때문이다. 시장을 바꾸는 산업과 기술이 하루가 멀다 하고 등장하는 세상에서, 성장 테마에 대한 지식은 누구나 부족할 수밖에 없다. 바이오, 클라우드, 인공지능 등을 잘 안다고 자부해도 마찬가지다. 큰 틀에 대한 이해가 있을지는 모르나 각 분야의 선도 기업들이 하는 일을 정확히 모두 아는 것은 불가능하다. 당연한 이야기이지만 그 기업들이 앞으로 실제 매출을 낼지, 지금 개발하는 기술로 돈을 벌 수 있을지, 기업과 산업에 어떤 변수가 발생할지 아무도 알 수 없는 것이다. 다시 말하지만 성장 테마에 대한 이해가 있을지언정 관련 기업들 각각에 대한 이해는 떨어질 수밖에 없다. 그런 면에서 전문가들이 선택한 여러 종목을 한 바구니에 담아 선보이는 ETF는 좋은 투자 대안이다.

이런 이유로 2013년부터 6년간 ETF 투자자의 숫자는 2배 늘어났다. 인콰이어러inquirer.com의 기사 「뱅가드에 의하면 밀레니얼 세대와 베이비붐 세대 모두에서 ETF 인기 높다Vanguard says milliennials and baby boomers both fueling popularity of exchange-trade funds」라는 기사를 보자.

ETF 투자자의 인구 통계와 관련해 뱅가드 사는 개인 투자자의 11%가 ETF에 투자 중이라고 추정한다. 이들은 상대적으로 자산이 적고, 젊은 신규 고객이며, 또한 자산 중 주식 비중이 높은 경향이 있다.

기사는 ETF 자체의 자산 규모뿐 아니라 투자자 자체가 많이 늘었다는 데 주목한다. 미국의 전체 주식 투자자 중 무려 11%가 ETF에 투자하고 있으며, 특히 주식 자산 중 75% 이상을 ETF로 보유한 투자자들은 상대적으로 젊은 경향이 있다고 말한다.

앞으로 주식시장을 이끌어나갈 미국 밀레니얼 세대들이 많이 투자하거나 밀레니얼 세대들을 타깃으로 만든 ETF들에 관심을 가져보는 것도 좋을 것이다. 무엇보다도 ETF는 국내외를 막론하고 초보 투자자들을 위한 최고이자 최선의 선택이 될 수 있다. 특정한 산업이나 테마에 관하여 검증된 포트폴리오를 자동으로 보유할 수 있기 때문이다.

영어 한마디 몰라도
문제 없다

세상에서 가장 쉬운
미국 주식
시작하기

US
STOCK GUIDE
FOR BEGINNERS

미국 주식,
이것만은 알고 하자

미국 주식 투자를 위한
기초 상식 (1)

국내 증권사의 비싼 수수료와 많은 제약 때문에 미국 현지 증권사에 직접 계좌 개설이 가능하냐는 질문을 많이 받는다. 사실 우리나라에서도 미국 현지 증권사에 온라인으로 계좌 개설이 가능하지만 적법하지는 않다. 아래와 같은 두 가지 법규 문제가 있기 때문이다. 따라서 반드시 국내 증권사를 통해서 매매해야 한다.

❶ 외화증권의 매매 관련 규정 : 외국환거래규정 제7-33조

일반투자자가 외화증권을 매매하고자 하는 경우에는 국내증권회사를 통해서 외화증권의 매매를 위탁하여야 한다.

❷ 외화증권의 집중 예탁 : 증권업감독규정 제5-78조

증권회사는 예탁원에 외화증권 위탁자계좌를 개설하고, 고객의 외화증권을 예탁원이 선임한 외국보관기관에 집중예탁하여야 한다.

거래의 흐름을 이해하자

거래 흐름도를 자세하게 보면 국내의 투자자는 국내 증권사의 대표 계좌에 서브 어카운트Sub Account 형태로 존재하기 때문에 미 현지의 증권사에서는 개별 계좌를 인식하지 못한다.

예를 들어 A증권사에 개인 고객이 10명 존재하고 B라는 주식을 10명이 각각 10주씩 가지고 있다면, 미 현지 증권사는 표면상 A증권사가 B주식을 100주를 보유하고 있다고 인식할 뿐 10명의 고객은 인식하지 못한다. 따라서 배당이나 각종 권리가 발생하면 국내의 A증권사는 통합으로 받은 배당이나 권리를 내부적으로 나누는 작업을 별도로 진행한다.

이 과정에서 미 현지의 권리 발생일보다 1~2일 정도 더 소요된다는 점을 이해하기 바란다.

앞서 설명한대로 모든 해외 주식 주문은 국내 증권사의 서버를 통해서 나간다. 이 때문에 국내 증권사들은 자사의 서버에서 일부 서비스를 제약하고 있

●── 외환증권의 거래 흐름도

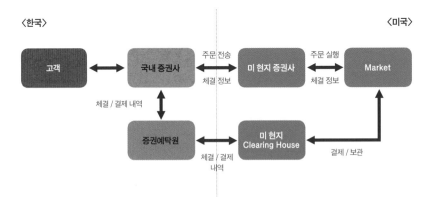

미국 주식이 답이다

다. 공매도 주문, 신용거래Margin, 프리마켓Pre-market, 애프터마켓After-market, OTC 주문 등은 국내에서는 이용이 불가하므로 미국 현지로 주문이 나가기 전 자체 서버에서 걸러주는데, 이 부분 때문에 국내 증권사를 통해서만 해외 주식에 투자하게끔 규정을 만들었다.

생초보도 쉽게 이해하는 매매의 기본팁

02

미국 주식 투자를 위한
기초 상식 (2)

미국 주식을 매매하기 위해서는 우리나라와 다른 제도적 차이를 이해해야 한다. 여기서는 그 가운데서도 꼭 알아야 할 중요한 몇 가지를 소개한다.

미국 주식시장, 우리와 무엇이 다를까?

▶ 상하한가 제도가 없다

한국은 ±30%의 상하한가 제도를 운용하고 있다. 하지만 소위 선진 시장으로 분류되는 국가에서 상하한가 제도는 폐지된 지 오래다. 가까운 일본과 홍콩시장만 봐도 이런 제도는 없다.

상하한가제는 일시적 가격 왜곡을 막기 위해서 만든 것이지만, 실제로는 일시적인 가격 왜곡을 오히려 다음 날로 연장시키는 병폐가 크다는 게 선진 시장의 이야기다.

시장의 자체 정화로도 일시적 가격 왜곡은 해결될 것이며, 여기에 거래 시간을 연장해주면 이런 규제가 필요 없는 시장이 된다. 2016년 8월부터 한국의 주식거래 시간이 연장되었는데, 이런 불합리한 제도를 폐지하지 않고 거래 시간만 늘리는 것은 오히려 독이 될 수 있다. 상하한제 폐지, 수급 정보 미제공, HTS의 단순화, 그리고 나서 거래 시간 조정의 순서로 진행되는 것이 필요하다.

▶ 동시호가가 없다

한국의 동시호가 때 터무니없는 가격으로 주문을 내면서 호가를 왜곡시키는 일을 본 적이 있는가? 이런 경우는 대부분 소위 말하는 '장난'이다. 만기 때는 실제 그런 일이 벌어지기도 하지만, 그 외에는 거의 허매수와 허매도를 동원한 가짜 시세라고 보면 된다. 게다가 장 마감 전 10분의 동시호가로 종가가 결정된다는 것도 합리적이지 않다. 동시호가 역시 대부분의 선진 시장에서는 볼 수 없는 제도다.

▶ 프리마켓과 애프터마켓이 있다

정규 장(한국 시간으로 23:30~익일 06:00, 서머타임 적용 시 22:30~익일 05:00)외에 프리마켓Pre-Market(정규 장 시작 전 5시간 30분간 진행)과 애프터마켓After-Market(정규 장 마감 후 4시간 진행)이 존재한다. 프리마켓과 애프터마켓은 정규 장과 동일한 방식으로 운영된다.

국내에서 거래할 경우, 프리마켓은 개장 전 1시간 동안의 거래가 허용되지만 아예 거래를 막아놓은 증권사도 있다. 그런가 하면 애프터마켓은 국내의 모든 증권사가 거래를 제공하지 않는다.

정규 장과 프리마켓, 애프터마켓을 합하면 총 거래 시간은 16시간이다. 이렇게 거래 시간이 긴 데는 이유가 있다. 상하한가 제도가 없는 대신 충분한 거래 시간을 보장함으로써 일시적인 가격 왜곡을 시장 자율로 완화하려는 것이다.

단, 프리마켓과 애프터마켓은 정규 장의 시가·고가·저가처럼 기록되지 않고 정규 장이 시작하면 소멸한다.

▶ 개인의 공매도가 허용된다
미국 현지의 개인투자자는 공매도 주문이 가능하지만, 국내에서 미국 주식을 거래하는 투자자는 국내주식과의 형평성 문제로 주문이 불가하다.

▶ 개인·외국인·기관의 실시간 수급 데이터를 제공하지 않는다
미국은 개인과 외국인, 기관의 수급을 실시간으로 제공하지 않는다. 공매도 현황은 보름 간격으로, 대주주의 지분 변동은 1~3개월 만에 공표한다.

"금일 미국 시장은 외국인의 집중적인 매수로 상승 마감했습니다"라는 기사를 들어본 적이 있는가? 아마 없을 것이다. 그렇다면 왜 제공하지 않을까? 정답은 '절대적으로 필요하지 않아서'다.

잘 생각해보자. 외국인의 수급이 나의 투자에 어떤 도움을 주는가? 외국인의 매도로 시장이 하락했다는 이야기를 들으면 불안을 느끼게 된다. 외국인이 어떤 전략을 가지고 있는지 모르는 상태에서, 그 결과만 가지고 시장에 대응하자니 한마디로 답답한 노릇이다.

한국 주식시장에서 가장 큰 시장 참여자가 누구냐고 물으면 대부분이 외국인이라고 답할 것이다. 그렇다면 외국인이 사는 종목만 사고, 외국인이 파는 종목만 팔면 모두 돈을 벌지 않을까? 스스로에게 질문해보자.

▶ 주식을 나타내는 기호가 숫자가 아니라 심볼이다

한국은 숫자로 종목을 구별한다. 예를 들어, 삼성전자의 코드 번호는 005930이다. 미국에서는 심볼(티커Ticker라고도 불린다)로 종목을 구별하는데, 일례로 아마존Amazon의 심볼은 AMZN이다.

숫자나 심볼이나 본질적인 차이는 없으며, 나라별로 정해진 규칙일 뿐이다.

▶ 주가 상승 시에는 녹색으로 표기하고 주가 하락 시에는 적색으로 표기한다

이러한 표기는 한국과 반대다. 국내의 미국 주식 HTS의 경우 한국 내 투자자들을 위해서 한국과 동일하게 표기했으나 오히려 이것이 투자자들을 더 혼란스럽게 만들었다. 결국 미국 주식에 대한 자료를 얻기 위해 미국 사이트에 접속하면 다시 색상이 반대로 바뀌어 있는 것을 확인할 수 있다.

▶ 실시간 시세에 대한 사용료가 있다

실시간 시세를 이용하려면 월 사용료가 존재하는데, 보통 10달러 내외다. 무료로는 15분 지연 시세가 제공된다. 호가창은 국내와 달리 5호가, 10호가가 없고, 최우선 매수·매도 1호가만 제공하는 것도 다르다.

▶ 거래 시간이 단축되는 날이 있다

크리스마스 이브와 블랙프라이데이 전날에 한해서 3시간 30분 동안 거래 시간이 단축되어 운영된다. 이를 국내 투자자들은 대개 '반장'이라고 칭한다.

▶ 반드시 미국 달러로 거래해야 한다

미국은 원화로는 거래가 불가능하다. 그래서 거래 시작 전, 반드시 미국 달러로 환전을 해야 한다. 환전 방법은 증권사 HTS에서 실시간으로 서비스하고 있으니 매우 쉬운 편이다. 다만 환전하는 순간 환율 변동에도 관심을 가져야 한다는 점을 명심하자.

▶ 통상 100주 단위로 거래된다

단주 주문도 주문이 가능하나 체결이 늦어진다.

▶ 액면가 즉, Par value가 없다

액면가 역시 대부분의 선진 시장에는 없는 제도다. 하지만 이 역시 나라마다의 차이일 뿐 크게 상관은 없다.

▶ 현지에서는 소수점 넷째 자리까지 입력된다

국내에서는 센트까지만 주문 입력이 가능하나, 실제 현지에서는 소수점 넷째 자리까지 입력이 가능하다. 체결 상황을 확인하다 보면 $10.0917 같이 소수점 넷째 자리에 이르는 숫자를 흔히 볼 수 있다.

▶ 휴장에 규칙이 있다

미국의 휴장은 대부분 월요일 혹은 금요일로 토, 일요일과 연결된다.

▶ 한국은 거래세, 미국은 양도소득세

한국은 매도 시에 거래금액의 0.3%를 거래세로 차감한다. 미국은 양도소득세를 적용받아 매년 1월 1일부터 12월 31일까지의 실현된 거래수익과 손실을 계산하여 수익이 250만 원을 초과하면 그 초과수익의 22%를 이듬해 5월 종합소득세 신고 시 자진납부하도록 규정하고 있다.

여기서 250만 원은 매년 적용받는 기본 공제액이고, 22%라는 세율은 양도소득세 20%와 주민세 2%를 합쳐서 정리한 것이다. 언뜻 생각하면 한국의 거래세와 비교해 더 많은 세금을 납부한다고 여겨질지 모르나 사실은 그렇지 않다.

한국의 거래세 제도는 선진 시장에서는 이미 없어진 지 오래된 낡은 세금 제도다. 현재 거래세를 적용하는 나라는 전 세계에 한국과 멕시코, 그리스뿐이다. 실제 수익이 난 데 대해 세금을 납부하는 것은 너무도 당연한 일이며, 양도소득세의 경우 분리과세로 금융소득종합과세와 다르게 기존의 다른 소득과 합산하지 않고 독립적으로 세액이 결정된다.

쉽게 말해서 얼마를 벌더라도 250만 원을 초과한 수익의 22%만 납부하면 되는 것이다. 더구나 대부분의 증권사가 양도소득세 대행신고 서비스를 시행 중이므로 편하게 세금납부가 가능하다.

그럼에도 불구하고 몇 가지 주의사항은 있다. 다음 사항들을 기억해두자.

첫째, 1월 1일부터 12월 31일까지 주식을 보유만 하고 매도하지 않았을 경우, 언제가 될지는 모르지만 매도한 이듬해에 양도소득세를 납부하면 된다.

둘째, 주식 거래를 하지 않고 환차익으로만 수익이 발생하면 세금이 면제된다.

셋째, 손해를 봤더라도 신고는 해야 한다.

넷째, 1월 1일부터 12월 31일까지의 거래라 함은 체결기준이 아니고 결제기준이다. 만약 어느 종목의 매매를 종결지어 이듬해에 세금 신고를 하려면 적어도 12월 31일 기준, T+3 영업일 전에는 매도를 해야 한다.

다섯째, 거래가 빈번한 투자자는 해당 거래 증권사의 홈페이지를 통해서 거래내역을 손쉽게 출력하고 세액 계산이 가능하다.

여섯째, 절세를 위해서 손실 구간의 주식은 12월 31일 전에 매도 후 재매수하면서 손실을 확정하고, 수익 구간의 종목은 최대한 장기적으로 보유하는 것이 유리하다.

일곱째, 양도소득세는 가장 보편적인 차익에 대한 세금이다. 단지 22%라는 세율 때문에 미국 주식 투자를 꺼린다면 부동산 투자를 하면서 양도소득세를 내기 싫어 집값이 오르지 않기를 바라는 것과 다르지 않다. 또 기업이 법인세가 무서워 수익을 내기 싫어하는 것이나 마찬가지다. 오히려 손해를 보고 거래세를 납부하는 것이 훨씬 더 불합리해 보인다(양도소득세의 자세한 계산법은 76페이지를 참고하기 바란다).

미국의 업종 구분과
대표 종목은?

03

미국 주식 투자를 위한
기초 상식 (3)

미국 주식시장에서 시장 대비 최근 강세를 보이는 업종은 무엇일까? 또한 그러한 업종 내에는 어떤 종목이 있는가? 이를 파악하는 것은 투자에 있어 매우 중요한 사항이다. 미국 내의 업종은 보통 다음과 같이 구분된다.

Consumer Discretionary 임의소비재

Consumer Staple 필수소비재

Energy 에너지

Financial Services 금융 서비스

Financial 금융

Health Care 헬스케어(의료 및 보건)

Industrials 산업재

Materials 원자재, 소재

Real Estate 부동산

Technology 기술

Utilities 유틸리티(공공, 기간산업)

대부분의 금융증권 사이트들도 거의 비슷한 형식으로 업종을 구분하고 관련된 세부 종목을 소개하고 있다.

특정한 업종을 선택했다면, 그 업종 내에 어떤 종목이 속해 있는지 알아볼 수 있다. 예를 들어 sectorspdr.com이란 사이트를 확인해보자. Consumer Discretionary(임의소비재)를 클릭하면 다음 페이지의 그림과 같은 결과를 알 수 있다. 화면 오른쪽에는 해당 업종에 속해 있는 개별 종목의 리스트가 보인다. 간혹 개별 종목을 매매하는 것보다 보수적으로 해당 업종의 ETF에 대해 관심을 갖는 경우도 있다. 참고로 업종별 ETF를 소개한다.

Consumer Discretionary 임의소비재 → XLY

Consumer Staple 필수소비재 → XLP

Energy 에너지 → XLE

Financial Services 금융 서비스 → XLFS

Financial 금융 → XLF

Health Care 헬스케어(의료 및 보건) → XLV

Industrials 산업재 → XLI

Materials 원자재, 소재 → **XLB**

Real Estate 부동산 → **XLRE**

Technology 기술 → **XLK**

Utilities 유틸리티(공공, 기간산업) → **XLU**

●── 업종 내 세부종목 확인하기

　자료 : www.sectorspdr.com

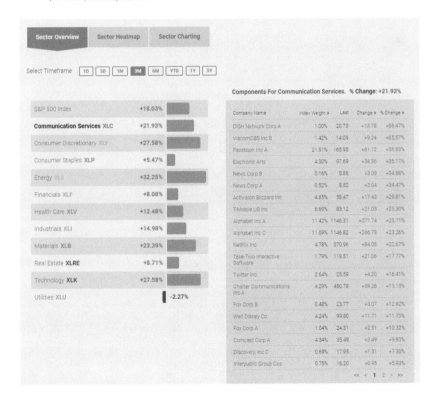

우리와는 다소 다른 대표 종목

한국의 경우 삼성전자가 시가총액 1위 기업인 반면에 미국은 애플과 마이크로소프트가 1, 2위를 다툰다. 아래는 시가총액 상위 10종목이다(2021년 2월 기준).

1위 　애플Apple / **AAPL**　시가총액 : 2조 320억 달러

2위 　마이크로소프트Microsoft / **MSFT**　시가총액 : 1조 7270억 달러

3위 　아마존Amazon / **AMZN**　시가총액 : 1조 5394억 달러

4위 　알파벳 C주Alphabet / **GOOG** 시가총액 : 1조 3982억 달러

5위 　알파벳 A주Alphabet / **GOOGL**　시가총액 : 1조3640억 달러

6위 　페이스북Facebook / **FB**　시가총액 : 7252억 달러

7위 　테슬라Tesla / **TSLA**　시가총액 : 6483억 달러

8위 　버크셔 해서웨이Berkshire Hathaway / **BRK.A**　시가총액 : 5844억 달러

9위 　제이피모건체이스JPMorgan Chase / **JPM**　시가총액 : 4613억 달러

10위 　존슨앤존슨Johnson & Johnson / **JNJ** 시가총액 : 4278억 달러

다우 지수

다우존스 산업평균지수DJIA, Dow Jones Industrial Average는 가장 널리 사용되는 증시 지수이며 주식시장의 동향을 언급할 때 누구나 이용하는 지수다. 1844년에 《월스트리트저널》의 공동 창간인이기도 한 찰스 다우Charles Dow에

의하여 처음 발표되었는데, 초기에는 11개의 주요 기업 주가를 합산해서 계산되었다. 오늘날과 같이 30개의 종목으로 확대된 것은 1928년부터다. 이들 30개 종목은 필요할 때마다 교체된다.

다만, 다우 지수의 30종목은 규모가 큰 초우량기업들로만 구성되어 있어 전체적인 시장의 흐름을 판단하기에는 무리라는 지적이 있다. 현재 지수에 포함된 종목 가운데 애플과 인텔, 마이크로소프트, 시스코 등 4종목만 나스닥에 상장한 주식이고, 나머지 26종목은 뉴욕증권거래소NYSE에 상장한 것들이다.

●── 다우 지수에 포함되는 30가지 종목 (2021년 2월 기준)

기업	증권거래소	심볼	산업
3M(쓰리엠)	NYSE	MMM	Conglomerate
American Express (아메리칸 익스프레스)	NYSE	AXP	Consumer finance
Apple(애플)	NASDAQ	AAPL	Consumer electronics
Boeing(보잉)	NYSE	BA	Aerospace and defense
Caterpillar(캐터필러)	NYSE	CAT	Construction and mining equipment
Chevron(쉐브론)	NYSE	CVX	Oil & gas
Cisco(시스코)	NASDAQ	CSCO	Computer networking
Coca-Cola(코카콜라)	NYSE	KO	Beverages
Disney(디즈니)	NYSE	DIS	Broadcasting and entertainment
Dow Inc(다우)	NYSE	DOW	Chemical industry
Goldman Sachs(골드만삭스)	NYSE	GS	Banking, Financial services
Home Depot(홈디포)	NYSE	HD	Home improvement retailer

기업	증권거래소	심볼	산업
IBM(아이비엠)	NYSE	IBM	Computers and technology
Intel(인텔)	NASDAQ	INTC	Semiconductors
Johnson & Johnson (존슨앤존슨)	NYSE	JNJ	Pharmaceuticals
JPMorgan Chase (제이피모건체이스)	NYSE	JPM	Banking
McDonald's(맥도날드)	NYSE	MCD	Fast food
Merck(머크)	NYSE	MRK	Pharmaceuticals
Microsoft(마이크로소프트)	NASDAQ	MSFT	Software
Nike(나이키)	NYSE	NKE	Apparel
Procter & Gamble (프록터앤드갬블)	NYSE	PG	Consumer goods
Travelers(트래블러스)	NYSE	TRV	Insurance
UnitedHealth Group (유나이티드헬스그룹)	NYSE	UNH	Managed health care
Verizon(버라이즌)	NYSE	VZ	Telecommunication
Visa(비자)	NYSE	V	Consumer banking
Wal-Mart(월마트)	NYSE	WMT	Retail
Walgreens(월그린스)	NYSE	WBA	Retail
Salesforce.com (세일즈포스닷컴)	NYSE	CRM	Technology
Amgen(암젠)	NASDAQ	AMGN	Pharmaceuticals
Honeyewell(허니웰)	NYSE	HON	Industrials

미국 주식이 답이다

S&P500 지수

1957년에 도입된 S&P500 지수는 현재 다우 지수와 함께 가장 널리 이용되고 있는 주가지수다. 세계적인 신용평가 회사인 스탠다드앤푸어스Standard & Poor's가 집계한다.

이 지수는 단순평균 방식인 다우 지수와는 달리 우리나라 코스피 지수와 동일한 시가총액 방식을 사용하기 때문에 시장 전체의 동향을 파악하기가 다우 지수보다는 용이하다는 장점이 있다.

S&P500 지수에 포함되어 있는 모든 종목은 11개 섹터인 Consumer Discretionary(임의소비재), Consumer Staples(필수소비재), Energy(에너지), Financials(금융), Health Care(헬스케어), Industrials(산업재), Information Technology(정보기술), Materials(원자재, 소재), Telecommunication Services(통신 서비스), Utilities(유틸리티), REITs(리츠) 안에서 분류한다.

나스닥 지수

나스닥에 등록되어 있는 3000개가량의 보통주를 가중평균하여 나타낸 지수로, 다른 주가지수에 비해 광범위한 편이다. 산업별 지수는 나스닥 은행지수, 보험지수, 기타 금융지수, 운송지수, 산업지수, 정보통신지수, 컴퓨터지수, 생명공학지수로 분류한다.

또한 나스닥 시장을 대표하는 지수인 나스닥100 지수는 나스닥 시장에 등록되어 있는 비금융권 업체 중 가장 규모가 큰 100개의 기업으로 구성된다. 나스닥100 지수에 포함되기 위해서는 일평균 거래량이 10만 주 이상이어야 하며, 시장 가치 기준으로 상위 25% 안에 들 경우 등록 기간이 1년이 안 되었더라도 예외적으로 가능하다.

미국 주식이 답이다

이 두 가지만 알아도
투자의 반은 성공한다

04

미국 기업의 실적과
투자등급을 확인하는 방법

미국 주식시장에서는 실시간 수급 상황이 제공되지 않는다. 또한 6.5경 원의 시가총액을 자랑하는 세계에서 가장 큰 주식시장이므로 작전 세력에 의한 일시적 가격 왜곡이 거의 불가능하며, 기관 비중이 거의 50%에 육박하므로 자연스럽게 실적 위주의 투자가 일찍 자리 잡았다.

정규거래소인 뉴욕증권거래소와 나스닥에 상장된 기업들은 반드시 분기마다 실적을 발표해야 하며, 이를 어길 시 상장 폐지에 처할 수 있다. 따라서 미국 주식 투자에 있어서 가장 중요한 바로미터는 실적이라고 해도 과언이 아니다. 2007년 금융위기 이후 미국 시장이 꾸준하게 상승을 보인 이유도 기업들의 실적 호전 덕분이라고 보면 된다.

다음 페이지의 그래프를 보면 S&P500 기업들의 실적과 S&P500 지수의 흐름이 매우 밀접한 관계가 있음을 알 수 있다.

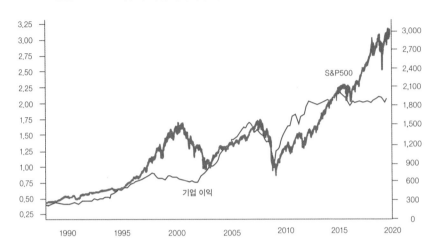

● ─── 30년간 S&P500 지수와 기업 이익의 추이 (단위 : 조 달러)

기업 실적 발표 시 사용되는 표현들을 알아두자

미국 상장사의 기업 실적은 특별한 사유가 없는 한 프리마켓과 애프터마켓 시간에 발표된다. 가장 기본적인 사항인 Revenue(매출)와 EPS(주당순이익)를 시장의 예상치와 비교하는데, 예상치를 상회하면 Beat(Positive), 예상치를 하회하면 Miss(Negative), 예상치와 동일하면 In-line이라는 표현을 쓴다.

추가적으로 전 분기 대비, 전년 동기 대비 비교 실적도 같이 발표되는데 여기서 발표되는 실적에 따라 해당 기업의 주가 상승과 하락이 결정된다. 통상적으로 예상보다 실적이 10% 이상 좋을 경우 서프라이즈Surprise, 반대의 경우 쇼크Shock란 말을 쓴다는 것도 참고하기를 바란다.

실제 특정한 날짜에 발표되는 내용은 다음 페이지의 그림과 같다. 화면에서 실적이 긍정적Positive이냐, 부정적Negative이냐의 구분이 제일 중요하다. 미국

미국 주식이 답이다

바로 보러 가기 ▶

● —— 실적 발표 확인하기 (1)

　　자료 : cnbc.com

ANNOUNCEMENTS

Company Name/Symbol ⌃	Surprise Type	Actual	Estimate	Surprise	Surprise %
Capri Holdings LTD (CPRI)	Negative	$0.110	$0.145	↓ 0.04	24.1%
Constellation Brands Inc (STZ)	Positive	$2.30	$2.01	↑ 0.29	14.4%
Culp Inc (CULP)	Negative	-$1.56	-$0.35	↓ 1.21	349.6%
General Mills Inc (GIS)	Positive	$1.10	$1.06	↑ 0.04	3.7%
Kalvista Pharmaceuticals Inc (KALV)	Positive	-$0.37	-$0.65	↑ 0.28	43.3%
Macy's Inc (M)	Negative	-$2.03	-$2.03	0.00	0.0%
Schnitzer Steel Industries Inc. (SCHN)	Positive	$0.050	-$0.13	↑ 0.18	--
Standard & Poor's Corp (SPX)	Positive	$33.13	$33.00	↑ 0.13	0.4%
Unifirst Corporation (UNF)	Negative	$1.12	$1.25	↓ 0.13	10.4%

● —— 실적 발표 확인하기 (2)

　　자료 : 야후 파이낸스

바로 보러 가기 ▶

	28 Jun Sun	29 Jun Mon	30 Jun Tues	1 Jul Wed	2 Jul Thu	3 Jul Fri	4 Jul Sat	
‹ Prev	2 Earnings	178 Earnings	37 Earnings	28 Earnings	9 Earnings			› Next

Earnings on Thu, Jul 02 1-9 of 9 results ☆ Add to Portfolio

Symbol	Company ⌃	Earnings Call Time	EPS Estimate	Reported EPS	Surprise(%)
AIRTP	Air T Inc	Time Not Supplied	-	-	-
CULP	Culp Inc	TAS	-0.16	-	-
SENEB	Seneca Foods Corp	After Market Close	-	-	-
LNN	Lindsay Corp	Before Market Open	0.88	-	-
KFY	Korn Ferry	Before Market Open	0.39	-	-
HLTY	Precheck Health Services Inc	Time Not Supplied	-	-	-
RTW	Rtw Retailwinds Inc	Time Not Supplied	-0.04	-0.04	-
TC	TuanChe Ltd	Before Market Open	-	-	-
TC	TuanChe Ltd	TAS	-	-	-

은 붉은색이 하락 혹은 부정적인 색상이며 녹색이 상승 혹은 긍정적인 색상이다 (www.cnbc.com/earnings-calendar/ 또는 상단 이미지 옆 QR코드로 접속하여 실제 화면을 확인해보기 바란다). Actual은 실제 발표치, Estimate는 예상치로 번역된다.

관심 기업의 실적 발표일을 미리 챙겨야 대응이 가능함은 물론이다. 가장 대표적인 사이트인 야후 파이낸스finance.yahoo.com/calendar/earnings를 통해서 손쉽게 실적 일정을 확인할 수 있다.

투자등급, 어떻게 알아볼 수 있나

매일 발표되는 기업의 투자등급은 크게 두 가지 투자등급으로 구분된다. 즉, 상향인 업그레이즈Upgrades, 투자등급 하향인 다운그레이즈Downgrades로 나눌 수 있다.

이 중에서 주로 투자등급 상향이 된 기업들을 투자에 참고하면 큰 도움이 된다. 특히 최근 투자 의견이 바이Buy 등급으로 상향된 기업들을 주목할 필요가 있다. 투자등급과 관련한 용어는 다음 내용을 참고하자.

Strong Buy 강력 매수	Buy 매수
Market Perform 시장수익률	
Out Perform 시장수익률 상회	
Under Perform 시장수익률 하회	
Hold 보유 Neutral 중립	Sell 매도

그렇다면 실적과 투자등급의 차이는 무엇일까? 실적은 미리 발표일을 정해놓고 분기마다 발표하지만, 투자등급은 정해진 일정 없이 불시에 발표한다. 실적은 지난 분기에 대한 결산을 하는 과정이고, 투자등급은 향후 기업의 미래 가치를 산정하는 과정이다.

공통적으로 악화된 실적을 발표하거나 투자등급이 하향되면 보통 주가는 하락한다. 투자등급은 브리핑닷컴www.briefing.com/investor/calendars/upgrades-downgrades 등을 통해 간편하게 확인할 수 있다.

● —— 투자등급 확인하기

자료 : Briefing.com

바로 보러 가기 ▶

장기 투자자일수록 실적을 챙겨라

종목을 추세적으로 움직이는 것은 실적 그 이상도 그 이하도 아니다. 미국 주식 투자에서 성공하는 가장 확실하면서도 유일한 방법은 실적이 지속적으로 좋아지는 기업에 장기적으로 투자하는 것이다.

주요 기업의 실적과 주가와의 상관관계를 보면 더욱더 명확해진다.

다음 페이지의 그래프는 월트 디즈니의 주가와 분기별 실적, 그리고 예상 실적을 같이 보여주는 것이다. 편차는 있으나 장기적으로 실적이 오르면 주가도 상승하고, 실적이 떨어지면 주가도 하락하는 등 같은 방향으로 움직이고 있음을 알

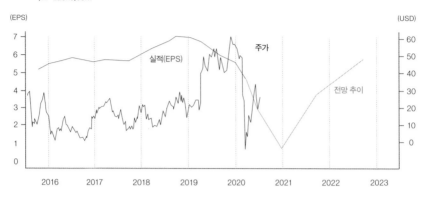

● ── 월트디즈니 주가, 분기별 이익 및 전망 추이
자료 : zacks.com

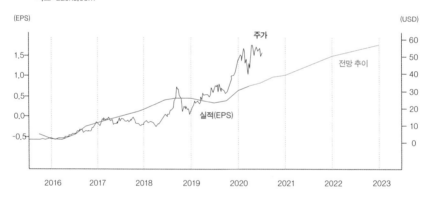

● ── AMD 주가, 분기별 이익 및 전망 추이
자료 : zacks.com

수 있다. AMD의 경우 실적과 함께 주가가 함께 기복을 겪으며, 꾸준하게 우상
향하는 모습을 볼 수 있다. 실적대비 주가가 과도하게 오를지언정 그 방향은 일
치한다는 점을 기억해야 한다.

대가들의
투자 포트폴리오를 참고하자

05

세계 최고의 투자가들이 공개하는
투자 정보, 놓치지 마라

투자 대가들의 포트폴리오를 참고하여 매매에 참고할 수 있도록 독자들에게 사이트를 소개한다. 첫 번째로 소개할 곳은 relationalstocks.com이다. 주요 기관투자가와 유명 펀드의 보유내역 변경사항을 확인할 수 있는데, 워런 버핏 Warren Buffett 같은 투자 대가들의 포트폴리오나 주요 기관투자가들의 포트폴리오를 참고할 수 있다.

홈페이지 메인 화면에서 〈Gurus/Institutions〉를 선택해보자. 여러 대가들의 포트폴리오를 모아놓은 〈Famous Gurus〉, 헤지펀드와 기관들의 포트폴리오를 모아놓은 〈Major Hedge Funds/Institutions〉가 보인다. 이 중 〈Major Hedge Funds/Institutions〉에서 JP모건JP MORGAN CHASE & CO을 클릭하면 어떻게 포트폴리오를 구성하고 있는지 한눈에 쉽게 이해할 수 있다(74페이지 그림 참고). 다시 말해, 많은 투자 정보를 의외로 쉽게 찾을 수 있는 것이다.

시티그룹CItigroup과 크레딧 스위스Credit Suisse도 마찬가지다. 조금만 발품

● relationalstocks.com에 공개된 JP모건의 투자 포트폴리오 구성

자료 : relationalstocks.com

바로 보러 가기 ▶

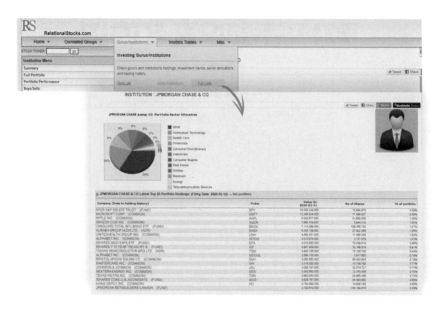

을 팔면, 누구나 쉽게 미국은 물론 전 세계 주요 투자은행들의 포트폴리오 구성을 쉽게 알 수 있다.

이것만 보아도 미국 주식은 우리나라와 달리 대부분의 정보가 투명하면서도 공평하게 누구에게나 공개되고 있음을 알 수 있다. 막연하게나마 미국 주식은 어렵다거나 혹은 익숙하지 않다고 해서 멀리할 필요가 없는 것이다.

우리에게도 널리 알려진 워런 버핏, 칼 아이칸, 조지 소로스 같은 유명한 투자자들의 주식 보유 현황도 약간의 시차는 있지만, 쉽게 검색이 가능하다.

두 번째로 소개할 곳은 tipranks.com이란 사이트다. 〈Top 25 Experts〉에서 〈See Top 25 Analysts〉를 선택하면 미국 내에서 가장 명망 있는 투자 전

미국 주식이 답이다

문가 25명이 특정 종목에 대하여 제시한 의견을 볼 수 있다. 종목에 대한 아이디어를 얻을 수 있는데, 특히 최근 바이Buy 의견을 내고 목표주가를 산정한 종목에 관심을 가지면 큰 도움이 된다. 각 전문가들에 관한 소개에서 〈See Full Profile〉을 클릭하면, 매수 의견을 낸 종목들을 볼 수 있다. 최고의 25인으로 꼽힌 전문가들인 만큼, 성공률과 수익률이 안정적이라고 판단된다.

알고 보면 간단한
해외 주식의 세금 문제

06

해외 주식은
양도소득세 대상

국내 주식 투자와 달리 해외 주식 투자에서 수익이 발생한 경우 양도소득세를 내야 한다. 양도차익과 현금 및 주식배당 지급분이 모두 해당되는데, 관련된 내용을 간단히 정리하면 다음과 같다.

❶ 배정금액의 배당세 14(%) + 배당세금의 주민세 10(%)

= 15.4% 원천징수

❷ 양도소득세

해외 주식은 양도차익 자진신고 납부대상이며 양도차손이 발생해도 신고한다.

1년간(매해 1월 1일~12월 31일) 기본공제액 250만 원을 제외하고 시세 차익의

22%를 납부(매년 5월)해야 한다.

투자자의 편의성을 위해서 세금 자동계산 프로그램을 증권사마다 보유하고 있으며, 증권사 웹사이트에서 세금 정산 서류까지 출력할 수 있다. 예를 들어, 시세 차익 1000만 원이 발생했을 때 양도소득세는 다음과 같이 계산된다.

10,000,000(시세 차익) − 2,500,000(기본 공제) = 7,500,000

→ 7,500,000×22% = 1,650,000

즉 165만 원의 세금이 발생하는 것이다.

단, 주식의 거래를 통한 시세차익 없이 환율로 인한 이익이 발생했다면 세금이 면제된다.

❸ 가산세

확정신고 납부를 하지 않으면 다음과 같은 가산세가 부가된다.

무신고가산세 : 산출세액×20% or 40%

무납부가산세 : 미납부세액×미납일수×0.03% (연 환산 시 약 10.95%)

해외 주식 계좌 만들기,
어렵지 않다!

07

따라하기만 하면
계좌 개설 끝!

국내주식 계좌 개설과 크게 다르지 않다. 우선 거래가 가능한 증권사를 찾아보자. 또한 증권사별로 각종 수수료 우대 등 다양한 가입 혜택을 주고 있으니 이 같은 정보를 찾아 활용하는 것도 좋겠다. 국내에서 해외 주식 거래가 가능한 증권사로는 키움증권, 한국투자증권, KB투자증권, 미래에셋대우증권, 삼성증권, 신한금융투자, NH투자증권, 교보증권, 하나금융투자, 이베스트증권, 유진투자증권, 대신증권 등이 있다. 그렇다면 지금부터 해외 주식 거래를 단계별로 배워보도록 하자.

STEP 1. 계좌 개설

해외 주식 중개가 가능한 증권사를 통해서 해외 주식 계좌를 개설한다. 기존 국내 주식 계좌 보유자는 온라인상에서 해외 주식 계좌를 개설하거나 증권사, 은행을 통한 해외 주식 전용 계좌를 개설할 수 있으니 참고하자.

STEP 2. 매매 시스템 다운로드

해외 주식 HTS를 설치한다. 국내와 달리 미국 주식 HTS에는 8~10달러 정도의 월 시세 이용료가 존재한다. 미국 호가창의 경우 Level 1과 Level 2로 나뉘는데, 시세 이용료를 감안해서 저렴한 Level 1(최우선 매수·매도호가)을 제공한다. 별도의 시세 이용 신청이 없을 시 15분 지연 시세가 무료로 제공된다.

아래의 그림을 보자. 매수 5호가와 매도 5호가가 보이지만, 실제는 최우선매수·매도 호가만 제공되는 것으로, 최우선매수·매도 호가 외에는 국내 증권사

●── 국내 증권사에서 제공하는 호가창

556.4300 ▲		2.4500		0.44 %		944,768
증감	매도잔량	호가(%)		매수잔량	증감	
		556.5200	0.46			
		556.5100	0.46			
		556.5000	0.45			
		556.4900	0.45			
	100	556.4800	0.45			
		556.0600	0.38	200		
		556.0500	0.37			
		556.0400	0.37			
		556.0300	0.37			
		556.0200	0.37			
	100	23:04:54		200		

에서 편의를 위해서 임의로 보여주는 호가다. 따라서 가격만 보이고 물량이 보이지 않는다.

STEP 3. 해외 주식 매매 신청

해외 주식을 거래하기에 앞서 다음 세 가지 약관 및 설명서에 대한 동의가 진행된다.

• 외화증권 매매거래 계좌 설정 약관
• 외화증권 거래 설명서
• 외화증권 투자 위험 안내

해외 주식의 경우 시장과 제도의 차이점, 환율 문제 등 매매하기에 앞서 숙지해야 할 사항들이 있다. 약관과 설명서는 이러한 부분에 대해 증권사에서 알리는 내용이라고 보면 된다.

증권사에서 요구하는 각 사항에 대해서 동의하지 않으면 매매가 불가능하다.

STEP 4. 환전 신청

해외 주식 계좌 개설 후, 원화 입금 및 미국 달러 환전을 진행한다. 온라인상에서 실시간으로 가능하다.

은행 거래 시간은 실시간으로, 은행 거래 외 시간은 가환전을 통해서 (익일 정산) 환전할 수 있다. 보통 환전은 전신환 기준이다.

미국 달러를 직접 보유한 경우, 별도의 환전 없이 정해진 외화계좌를 통해서 입금 및 출금이 가능하다.

STEP 5. 매매 시작

결제는 T+3일이다. 국내나 미국의 휴일에 따라 결제일이 지연될 수 있다.

해외 주식, 당신도 성공할 수 있다

08

영어를 못해도, 미국 기업을 잘 몰라도
성공적인 투자가 가능하다

성공 사례 ❶
애플에 투자해 700%의 수익을 올리다

2009년 10월 스마트폰이 막 보급될 당시, 삼성전자를 매수하기 위해 증권사를 방문한 최도윤 씨(가명)는 한국 주식이 아닌 미국 주식에 대한 설명을 듣고 애플과 비교 분석을 시작했다.

애플의 창업자인 스티브 잡스의 활약으로 인해 전 미국이 스마트폰이라는 기기에 열광하기 시작했으며, 스마트폰 분야에서 삼성전자는 후발주자라는 설명을 듣고 애플에 관심을 가지게 되었던 것이다.

최 씨는 삼성전자와 애플의 시장점유율과 순익 규모를 비교하는 것은 물론이고 양사의 수익성, 즉 마진율까지 꼼꼼히 따지기 시작했다. 다음 페이지의 자료들은 당시 최 씨가 검토했던 내용들이다.

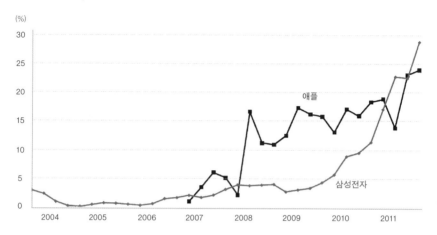

●── 애플과 삼성전자의 시장점유율 비교

자료 : www.phonearena.com

●── 애플과 삼성전자의 순이익율 비교

자료 : www.statista.com

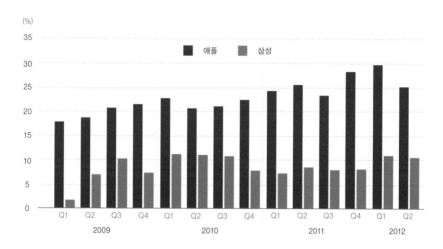

시장점유율 비교 자료를 보면 알 수 있듯, 최 씨가 투자에 관심을 보이던 2009년에는 애플의 시장점유율이 삼성전자보다 훨씬 높았다. 당시 애플은 15% 이상의 시장점유율을 보였고, 삼성전자는 5% 미만의 미미한 시장점유율을 보였다.

이번에는 순이익 비교 그래프를 보자. 순이익면에서도 애플이 삼성전자보다 3~4배 정도 앞섰음을 확인할 수 있다. 이런 사실을 알고 나자, 단지 생소한 미국 주식 투자라는 것 외에는 문제가 없다는 결론에 이르렀다. 최 씨는 오랜 고민 끝에 국적을 불문하고, 시장점유율이 높고 순익이 높은 회사를 매수하기로 했다. 애플에 투자하기로 결정한 것이다.

과연 결과는 어땠을까? 2016년까지의 투자 결과, 최 씨는 애플에서 700%, 삼성전자에서 70%의 성공적인 수익률을 거두었다. 최 씨가 2020년까지 두 회사를 보유하고 있었다면 애플에서 2000%, 삼성전자에서 400%의 수익을 냈을 것이다. 그는 이러한 경험을 바탕으로 1등 기업에 투자하는 데 국적이 무슨 상관이냐고 지금도 주변 사람들에게 조언하고 다닌다.

●— 애플과 삼성전자의 주가 상승률 비교

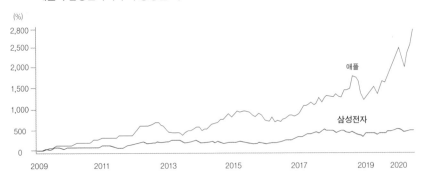

미국 주식이 답이다

성공 사례 ❷
SPY로 50% 이상의 수익을 올리다

　2010년 시작된 유럽의 재정위기로 인해 주식시장은 크게 하락했다. 대부분의 투자자가 암울해 하던 시기를 지나, 2011년 여름 그리스의 채무재조정을 포함한 2차 구제 금융안이 나오자 평소 '위기는 곧 기회'라는 투자의 진리를 늘 마음에 품고 있던 장은성 씨(가명)는 해외 투자에 관심을 갖기 시작했다.

　2012년 당시 유럽국가 가운데 재정위기가 가장 심각했던 포르투갈, 이탈리아, 그리스, 스페인은 흔히 PIGS라고 불리었다. 아래 자료에서도 확인할 수 있듯 PGIS의 주가 하락은 심각한 상황이었다.

　위기는 곧 기회라는 투자의 기본적인 진리를 알면서도 막상 투자를 하려자

●── 당시 PIGS 4개국의 주가하락 상황

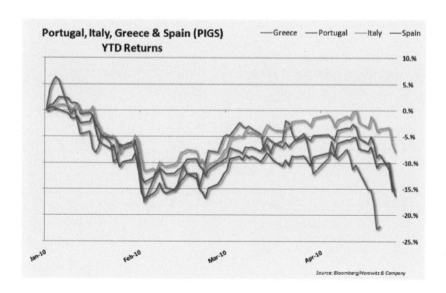

솔직히 겁이 났던 장 씨는, 고민하던 중 한국을 포함한 이머징마켓보다는 선진 시장에 관심을 갖기 시작했고 2012년 3월부터 미국 시장을 대표하는 ETF인 SPY를 매수하기 시작했다. SPY는 S&P500 지수를 추종하는 미국의 대표적인 ETF로 미국 시장을 그대로 따라간다. 따라서 미국 시장 전체에 투자했다고 해도 과언이 아니다. 가장 안정적이며 리스크가 낮은 투자 방법이기도 하다.

과연 장 씨의 투자는 성공했을까? 늘 안정적으로 연 8%만 수익을 올리면 좋겠다고 떠들던 장은성 씨, 그동안 국내 투자에서는 재미를 보지 못했던 그의 투자 실적은 어떠했을까?

아래는 SPY와 코스피 지수를 비교한 것으로, 붉은 색 박스는 장 씨가 투자했던 기간을 표시한 것이다.

장 씨는 약 4년간 53.77%의 수익률을 올렸다(같은 기간 동안 한국의 코스피는 오히려 마이너스 8%의 부진한 성적을 보였다.). 개별 종목이 아닌 미국의 대표 ETF로 연평균 13% 정도의 수익률을 안정적으로 올린 것이다. 또한 환율에서도 약 3%의 추가수익이 발생해 충분히 만족하고 있다.

●── SPY ETF와 코스피 지수 주가 추이 비교

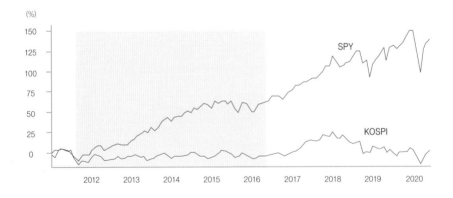

미국 주식이 답이다

증권사 직원과의 미팅에서 장 씨는 다음과 같이 말했다.

"미국이 아닌 한국이나 이머징마켓에 투자했더라면 많은 낭패를 봤을지 모릅니다. 투자하는 동안 한 번도 걱정하거나 불안하지 않았고 왜 선진 시장이 좋은지도 알았습니다. 저 같이 안정적인 수익을 추구하는 투자자에게도 미국 주식이 딱 맞네요."

성공 사례 ❸
오로지 실적에 집중하여 큰 수익을 올리다

김승주 씨(가명)는 한국 주식에 10년 이상 투자한 경험이 있는 자칭 '고수'였다. 세력을 분석하고 차트를 공부해서 자기만의 투자법을 만들고 적용시키며 테마주, 작전주 등을 연구했다.

하지만 수익률은 좀처럼 나아지지 않았다. 그 무렵 접한 미국 주식에 관심을 가지면서 한국 주식과 달리 미국 주식은 수급도 세력도 작전도 테마도 없이 오로지 실적만을 바탕으로 주가가 결정된다는 것을 깨달았다.

다음 페이지의 그래프는 1989년부터 2015년까지 S&P500 지수와 평균 EPS의 상관관계를 보여주는 것으로, 두 가지가 매우 비슷한 궤적을 그리는 것을 알 수 있다. 주가를 결정하는 것은 수급이나 테마가 아닌, 실적임을 명확하게 보여준다. 개별 기업도 마찬가지다. 김 씨가 2010년부터 투자했던 디즈니DISNEY, DIS 역시 EPS, 즉 주당순이익이 상향되는 동안 주식을 보유한 후 매도하여 당시 꽤 높은 수익을 올렸다.

72페이지의 디즈니의 주가와 실적 그래프를 다시 살펴보자. 검은색 선이 주

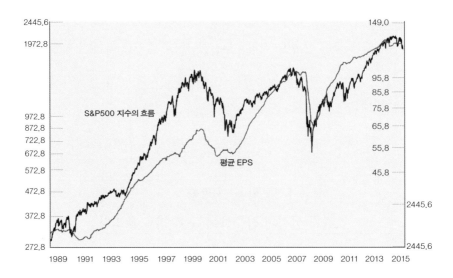

가, 붉은색 선은 이미 발표한 실적, 이어지는 실선은 향후 발표가 예정되어 있는 실적의 추정치다. 보는 것처럼 주가와 EPS는 동일한 흐름을 보이고 있다.

이렇듯 차트 분석 없이 오로지 '이 기업이 돈을 버느냐 못 버느냐, 과연 언제 수익이 꾸준하게 날 것이냐' 등 실적으로만 바라보면서 김 씨는 그간 주식을 투자하면서 늘 가지고 있던 조바심, 두려움, 걱정 등이 사라지는 걸 느꼈다.

그는 다음과 같이 말했다.

"오늘 외국인이 사는지, 기관이 파는지, 개인이 어떤 포지션을 가져가는지, 테마주가 뭐가 좋고 세력주가 어떤 것인지를 연구했던 시간에 실적을 공부하면서 깨달은 바가 있습니다. 그것은 결국 주가를 결정하는 것은 실적이고, 우리가 할 일은 실적대로 투자하면 된다는 것입니다."

미국 주식 투자 초보에게 전하는 조언

09

성공적인 직접 투자를 위해
기억해둘 사항들

미국 주식 투자의 첫 종목, 워런 버핏이 답이다

필자가 처음 미국 주식 투자를 시작한 것은 2001년도였다. 여러 가지 투자 동기가 있었지만, 그중에서도 워런 버핏이란 인물의 매력에 이끌렸던 것이 가장 컸다. 워런 버핏은 버크셔 해서웨이Berkshire Hathaway라는 지주회사를 운영하면서 1964년부터 2015년 12월까지 약 51년간 1,000,000% 이상의 수익을 올렸다. 과거 50년간 미국의 대표지수인 S&P500 지수의 수익률이 3200%임을 감안할 때 실로 엄청난 성과다.

1964년에 100달러로 투자를 시작했다고 가정하면, 51년간 버크셔 해서웨이 주식으로는 100만 달러의 투자 수익이 발생한 데 비해 지수로는 3200달러의 수익이 발생한 셈이니, 진정 투자의 현인이라고 할 수 있겠다.

어떻게 100달러가 100만 달러가 됐는지 궁금한 독자라면 가까운 서점을 찾

● 버크셔 해서웨이와 S&P500 주가 비교

자료 : www.businessinsider.com

아 워런 버핏과 관련된 도서를 읽어보기 바란다. 현재 워런 버핏과 관련된 도서만 120여 권이 검색되며, 이중 50권 정도는 지금까지도 판매되고 있으니 그 가운데서 증거를 찾으면 된다.

간단하게 설명하자면, 버핏의 놀라운 수익률은 주식의 분할과 배당, 그리고 장기복리 투자와 워런 버핏 특유의 혜안이 만들어낸 것이다. 워런 버핏의 능력은 침체장에서 더 빛을 발했는데 1980년부터 2015년까지 35년 동안 버크서 해서웨이는 단 두 해밖에 손실을 보지 않았다. 2000년과 2008년이다.

2000년은 모두가 알고 있듯 닷컴버블로 인한 시장의 붕괴가 있던 해였고, 2008년 역시 금융위기로 인해서 투자자들이 패닉에 빠졌을 때다. 닷컴버블 때는 시장이 3년간 무려 43.09% 하락했고, 2008년에는 한 해 동안 37%의 급락을 보인 반면, 워런 버핏은 버크서 해서웨이를 운영하면서 2000년에 6.20% 손실과 2008년 9.60% 손실로 선방했다. 시장의 하락에 비하면 놀라운 초과수익률을 보여준 것이다. 뿐만 아니라 2016년에도 1년간 23.43%의 수익을 올렸고, 2017년에도 20% 이상의 수익을 올렸으니 진정한 투자의 현인이라고 불리는 것이 당연하다.

버핏은 전 세계 주식 투자자들의 롤모델이라 할 수 있다. 필자의 어느 지인 또한 워런 버핏과 관련된 책을 모두 섭렵하고, 기법을 연구하고, 그의 가르침대로 주식을 선별한다. 더 나아가 워런 버핏의 유료 강의를 모두 듣기도 한다. 이 지인처럼 버핏의 가치투자를 추종하고 연구하는 투자자들이 대한민국에도 헤아릴 수 없이 많다. 그런데 정작 그의 지주회사인 버크셔 해서웨이에 관해서는 잘 알지 못하는 것이 현실이다.

국내의 미국 주식 투자 역사도 벌써 19년이다. 이 세월이 무색할 정도로 버크셔 해서웨이에 대해 관심을 갖고 잘 알고 있는 투자자는 매우 드물다. 아니, 심지어는 워런 버핏의 버크셔 해서웨이 주식을 직접 살 수 있다는 사실조차 모르는 경우가 대부분이다.

버크셔 해서웨이의 심볼은 BRK.A와 BRK.B로 나뉘며, BRK.A는 한 주에 30만 달러 정도나 주가가 너무 비싸서 거의 거래가 이뤄지지 않는다. 반면 BRK.A를 1500분의 1로 쪼개 놓은 BRK.B은 200달러 부근에서 거래되며 대중화되어 있다(2020년 6월 기준). 마음만 먹으면 쉽게 살 수 있는 주가라는 의미다.

매년 버크셔 해서웨이 총회가 열리는 시즌(매년 5월)이면 워런 버핏에 관한 기사가 경제지를 뒤덮고, 성인이라면 누구나 워런 버핏의 명성을 들어보았음에도 투자와 관련된 이런 간단한 사실을 아는 사람이 드문 것은 실로 아이러니다. 만약에 이러한 내용을 조금 더 일찍 알았더라면 우리는 두 마리의 토끼를 잡을 수 있었다. 다시 말해, 버크셔 해서웨이 주식을 단 1주라도 보유했더라면 책이나 강의 없이도 워런 버핏을 더 잘 이해할 수 있었을 것이고, 더불어 투자 수익도 챙길 수 있었을 것이란 뜻이다.

혹시 당신도 워런 버핏의 투자 기법과 철학을 공부하고 있는가? 워런 버핏을 가장 잘 알고 이해하기 위해 필자가 추천하는 방법은 지금이라도 버크셔 해서웨이 주식을 사는 것이다. 주식을 사고 나서 그에 대해 관심을 조금만 기울였다면 투자 방법과 투자에 대한 소신, 투자 수익 등 많은 부분이 변했으리라 확신한다.

단지 추측으로 하는 말이 아니다. 실제 필자의 주변에서 버크셔 해서웨이를 보유한 사람들의 변화를 보고 말하는 것이니 믿어도 된다. 그들은 스스로 장기 투자를 지향하고, 가치투자를 연구하고, 20~30년 동안 함께할 재테크 수단이라고 생각하며 긴 안목으로 주식 투자를 대한다.

뿐만 아니라 1년에 한 번씩 개최되는 주주 총회에 본인 비용으로 기꺼이 참석하기도 한다. 필자는 2017년과 2018년에 원정대를 꾸려서 주총에 참석했는데, 2018년의 경우 주총이 한국의 연휴와 겹치면서 평상시보다 비용이 많이 추가되었다. 그럼에도 불구하고 워런 버핏을 멀리서나마 보고, 그의 이야기를 들으려 고생도 서슴지 않고 다녀왔다. 오마하라는 미국의 작은 도시에서 3일 동안 진행되는 주주총회에 참석하며 많은 부분을 보고 느낄 수 있기 때문이다. 매년 참여하는 5만 주주들의 마음이 다 이렇지 않겠는가?

만약 당신도 주주총회에 참석하게 된다면, 행사가 끝난 뒤 분명 다음과 같이 말할 것이다. 이미 한국에서 19년 동안 워런 버핏과 미국 주식 투자를 겪은 사람으로서 예상하는 한 마디다.

"다음에는 저분들처럼 우리 아이와 함께 오면 좋겠어요."

매년 더 많은 분과 원정대를 꾸려 함께 갈 수 있기를 진심으로 소망한다.

미국 주식은 급등할 때 매수하라

"오늘 장마감 후 3분기 실적을 발표한 애플이 시간 외에서 6% 이상의 상승을 보이며……"

여러분이 흔히 접하는 미국 기업의 실적 내용의 일부다. 미국 주식에 투자하지 않는다 해도, 심지어 전혀 관심이 없다 하더라도 주식 투자자라면 미국 기업의 실적 발표 내용을 멀리할 수 없다. 애플의 실적이 좋으면 국내 스마트폰 관련주의 주가가 상승하거나 좋은 흐름을 이어갈 것이며, 적어도 국내 시장에 호재로 작용할 가능성이 크기 때문이다.

그런데 여기서 몇 가지만 짚고 넘어가고 싶다.

첫째, 좋은 실적을 발표한 애플의 주가는 오늘 시장에서 급등할 가능성이 큰데, 애플 주식을 보유한 사람이 아니라면 급등할 때 주식을 사야 하는가? 아니면 주가가 하락할 때까지 기다릴 것인가?

둘째, 운 좋게 애플 주식을 이미 보유했다면 급등 시 매도할 것인가? 아니면 장기투자로 더 보유할 것인가?

셋째, 실적이 좋은 것만으로 주식을 매수할 수 있는가?

무척이나 기본적인 질문이지만, 그 결과에 따라서 여러분들의 투자 결과에 큰 영향을 미칠 수 있으니 집중해보기 바란다.

애플의 경우 좋은 실적을 발표하면서 시간 외After Market(애프터마켓)에서만 1000만 주가 넘는 거래량이 터지면서 6% 급등으로 거래를 마쳤다. 그렇다면 이 거래량은 이익을 실현하는 매도 물량일까? 결론은 그렇지 않다. 17년 경험을 토대로 결론부터 말하자면, 실적이 좋으면 주가가 크게 상승하더라도 미국의 투자자들은 본격적으로 매수를 시작한다. 매수 주체는 기관과 개인이 다르지 않다.

2016년에도 같은 이유로 기관, 헤지펀드, 개인, 연금 등 모든 주체가 가장 많이 매수한 종목이 애플이었다. 이유는 '실적이 좋아서'다. 한때 세계에서 가장 많은 현금을 보유했던 회사로(지금은 알파벳에 1위의 자리를 내줬다), 늘 배당과 자사주 매입을 늘리면서 주주친화 정책을 게을리한 적이 없다. 투자의 대가인 워런 버핏도 같은 이유로 애플 주식 보유량을 꾸준하게 늘려 전체 포트폴리오의 43%를 애플로 채웠다. 실적이 좋아진 것을 확인하고 매수했으니 자신 있게 지분을 늘렸을 것이다.

이 부분에서 개인은 달라야 할까?

어차피 기업의 실적은 누구도 정확하게 예측하기 어렵다. 솔직히 전혀 몰라도 된다. 좋은 실적을 발표하면 확인하고 매수하면 그만인데, 군이 예측할 필요가 없다.

한 예로 2017년 8월 1일 장 마감 후 10분이 지나고 애플의 실적이 발표되었는데, 즉시 주가가 6% 상승으로 고정되었다. 거래량은 무려 1000만 주였다.

미국 주식시장에서는 이처럼 누구라고 할 것 없이, 마치 한 사람처럼 반응한다. 결국 미국 주식 투자는 실적이 전부라는 말이다. 6%가 상승한 애플 주식을 매수하고, 실적이 더 좋아져 주가가 추가 상승해서 수익을 내면 그만인 것이다. 국내 주식 투자자들은 고개를 갸웃거리겠지만, 이런 교과서적인 일들이 미국 주식시장에서는 흔한 일이니 억지로 부정하지 않기를 바란다. 미국 주식시장의 규모는 6.5경 원이다. 거기에 골드만삭스, 조지 소로스, 워런 버핏 등 이름만 들어도 대단한 투자은행들과 투자의 대가들이 즐비한데 꼼수가 가능할까? 실적이 좋으면 과감하게 매수하고, 운 좋게 실적이 개선되어 급등한 주식을 보유했다면 더 장기적으로 보유하면 된다.

그렇다면 이렇게 실적으로 상승한 주식을 차트로 분석하기란 불가능할까? 정답부터 말하면, 가능은 하지만 필요가 없다. 우리도 지금 차트 분석 없이 애플 주식에 대해서 논하고 있지 않은가?

좋은 주식이 있어도 주가가 비싸다, 대형주라서 무겁다, 이런 주식으로 수익이 날까 하는 괜한 기우로 망설이고, 그 주변 주식을 찾는 어리석은 행동은 당장 그만두자.

연일 상승하는 미국 시장! 쉽게 올라타는 방법은?

미국 주식시장이 연일 사상 최고치를 경신하고 있다. 미국에서는 신고가를 "올 타임 하이All Time High"라고 말하는데, 근래 모든 뉴스나 기사에서 가장 많이 보는 단어라 해도 과언이 아닐 정도다.

하지만 이렇게 상승하는 시장에서도 모든 투자자가 행복하지는 않다. 주식을 싸게 매수하려고 기다리는 이들과 시장에서 소위 소외주라는 종목에 투자한 사람들은 오히려 상대적 박탈감이 심하다. 기다리고 기다려도 좀처럼 하락하지 않는 시장과 마찬가지로 좀처럼 상승하지 못하는 종목은 그야말로 답이 없어 보인다.

예를 들어보자. 다우 지수는 30개의 미국을 대표하는 기업으로 구성되어 있는데, 그중 9개 종목은 2017년 한 해 동안 마이너스 수익률을 기록했고, 21개 종목이 플러스 수익률을 기록했다. 정확하게 수익이 나는 종목에 투자할 확률은 70%, 반대로 손해를 보는 종목에 투자할 확률은 30%다. 결국 10명 중 3명은 기록적인 상승을 보이는 주식시장에서 손해를 보았다는 것인데, 특히 GE의 하락 폭이 컸다.

분석을 해보면 하나같이 나름 매수할 만한 충분한 이유가 있고, 가치가 있다. 다만 여러 가지 이유로 지금은 시장의 반대편에 있다는 것인데, 그렇다고 이들 종목을 매수한 투자자는 잘못된 투자를 한 것일까?

사실은 그렇지 않다. 일례로 2017년 한 해 동안 고전한 통신주들을 보자. 미국을 대표하는 통신회사인 AT&T와 버라이즌이 없으면 어떻게 구글이 검색 시장에서 일인자가 될 수 있는가? 애플도 마찬가지다. 이들 통신회사의 광대역망을 거치지 않고는 기업의 생존이 불가능한데도 불구하고, 구글은 2017년 35%의 상승을 보였고, 애플은 42%의 상승을 보였다. 억울하지만 이게 현실이다. 결국 어떤 종목에 투자하느냐에 따라서 그 결과는 하늘과 땅 차이라는 것이다.

지금부터는 가장 간단하고 수익을 낼 확률이 높은 투자 방법을 소개하고자 한다. 어떻게 하면 가파른 상승 시장에 성공적으로 올라탈 수 있을까?

정답은 ETF Exchange Traded Fund에 투자하는 것이다. 1장에서도 2개의 챕터에 걸쳐 ETF에 관해 설명했는데, 그만큼 미국 주식 투자에서 중요한 존재라 하겠다. 이미 필자는 여느 전문가처럼 2017년 시장의 상승을 예견했고, 쉬우면서도 확률이 높은 상품으로 S&P500 지수를 3배로 추종하는 ETF SPXL를 많이 소개했다. 2017년부터의 수익률은 40%가량(2020년 7월 기준)으로 매우 만족스럽고, 개별 기업이 가지고 있는 실적과 뉴스에서도 자유롭다.

개별 종목이나 업종, 상품 등의 레버리지 ETF에 투자하는 것은 매우 위험하나 세제 개혁안에 대한 기대로 기업의 실적 성장을 예견하는 투자자라면 오히려 지수에 투자하는 것이 가장 올바른 투자 방법이라고 생각했다.

많은 투자자가 ETF와 관련해 마치 펀드처럼 수익률이 형편없을 것 같다고 오해할 수 있으나, 필자는 지금처럼 장기적인 상승 시장에서 시장에 올라타기 가장 쉬운 방법이 ETF라고 다시 한번 강력하게 주장하고 싶다.

중요한 것은 시장의 참여다. AMD나 마이크론 테크놀로지 같은 반도체 기업에 투자하고 싶은 투자자라 해도 상승률을 보면 쉽게 매수하지 못한다. 최근 3년 동안 AMD는 300%, 마이크론 테크놀로지는 75%로 급격한 상승을 보였으니 과감하게 투자가 가능할까?

하지만 반도체 ETF인 SOXX iShares PHLX Semiconductor ETF는 훨씬 투자가 쉽다. 전체 31개의 반도체 기업으로 구성된 SOXX ETF는 편입된 개별 기업 한두 종목이 급락하거나 악재가 나오더라도 그 영향이 적어 장기투자가 가능하며 마음만 먹으면 적립식 투자도 가능하다. 뿐만 아니라 유럽이 좋으면 유럽 지역 ETF에 투자하면 되고, IT 기업이 좋으면 관련 ETF에 투자할 수 있다. 참고로, ETF닷컴 www.etf.com이나 ETF디비닷컴 etfdb.com에 접속하면 더 다양한 관련 정보를 얻을 수 있을 것이다.

꼬박꼬박 들어오는
배당수익 얻는 법

10

한국 주식과는 차원이 다른 배당!
미국 배당주 투자 전략

미국은 배당주에 대한 투자가 매우 보편화되어 있다. 국내 투자의 경우, 배당 시즌이라 하여 특정 시즌에만 배당을 하는데, 수익률이 낮고 배당금 지급이 늦어서 크게 환영받지 못한다. 그러나 미국 주식의 경우는 많이 다르다. 배당주 투자가 일반적인 데다 실제 수익률과 인식 또한 좋다.

다음 페이지의 첫 번째 그림은 1988년부터 2014년까지의 S&P500 지수와 평균 배당액을 표기한 것인데, 지수가 상승할 때 배당액 또한 증가하는 것을 확인할 수 있다. 기업 실적이 상승하면 배당의 증가로 이어진다는 주주친화 정책이 미국 주식시장에 오랜 기간 정착했음을 알 수 있는 대목이다.

배당주 가운데는 무려 25년 이상 배당을 지속적으로 늘려온 기업들도 있는데 이런 주식을 일컬어 배당 귀족, 즉 '디비던드 아리스토크래츠Dividend Aristocrats'라고 부른다. 이러한 배당 귀족 주식들은 오랜 기간 수익률이 높았는데, 다음 페이지의 두 번째 그림을 통해 알 수 있듯이 S&P500 지수에 비해서

●── S&P500 지수와 배당의 추이

●── S&P500 지수와 배당의 추이

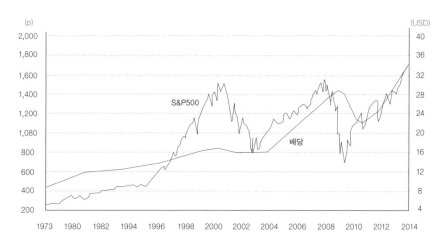

●── S&P500지수와 배당 귀족들의 수익률 비교

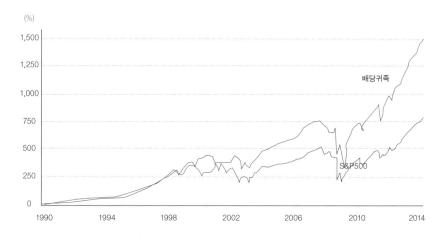

두 배가량 상회하는 모습을 보인다.

이 같은 두 장의 그림만으로도 배당주 투자의 필요성을 느낄 수 있을 것이다.

미국 배당주들의 특징

미국 주식시장에서 볼 수 있는 배당주들의 특징을 정리하면 다음과 같다.

첫째, S&P500 기업 중에서 약 80% 이상인 400여 개의 기업이 배당을 하고 있다.

둘째, 배당 지급 주기는 월, 분기, 반기, 일 년, 특별 배당 등으로 다양하게 정해져 있으나 보통의 경우 분기(1년에 4번) 배당이 일반적이다.

셋째, 배당금 지급은 보통 1개월 내에 하되 빠른 경우 10일 안에 지급하고 늦어도 두 달 안에는 모두 지급한다(현지 지급일 기준, 단 국내의 경우 시차 문제로 인해서 현지 지급일에서 일주일 이내 시간이 더 소요된다).

넷째, 현금 배당과 주식 배당을 선택할 수 있다면, 현금 배당을 원칙으로 지급받는 편이 유리하다(국내 증권사의 경우 최소 수수료를 부과하는 증권사가 있는데, 소수의 주식 배당을 받는 경우 최소 수수료의 부담이 커져서 투자자들에게 불리할 수 있기 때문이다).

다섯째, 배당 투자 시 언제까지 주식을 보유하면 배당을 받을 수 있느냐가 관건인데, 이와 관련해서는 '배당락일Ex-Dividend Date'이라는 용어만 기억하면 된다. 배당락일 전일까지만 매수하면 배당 참여가 가능하다. 예를 들어 12월 2일이 배당락일이면, 12월 1일 장 마감 전까지만 매수하면 배당을 받을 수 있다.

여섯째, 분기 배당의 경우 국내와 달리 배당락의 영향이 극히 미미하거나 없는 경우가 많다.

일곱째, 배당세는 양도세와 별도로 원천징수를 통해서 세금을 떼고 나머지 배당금이 계좌에 입금된다. 일반적인 배당세는 15.4%이며, 리미티드 파트너스 Limited Partners, 즉 LP라고 불리는 유한책임사원의 경우 39.6%의 높은 배당세를 적용받는다.

LP의 경우 법인세에 대한 혜택이 커 형평성 차원에서 배당세를 더 많이 부과하는 것이다. 투자하고자 하는 회사의 이름 끝에 LP가 붙어 있다면 이와 같은 사실을 기억해서 투자하는 데 착오가 없었으면 한다.

그렇다면 배당 귀족에는 어떤 기업들이 있는지 알아보자.

S&P500 내에 편입된 종목들로 65개의 배당 귀족 전체 종목을 아래와 같이 표로 정리했다. 집계 결과, 60년 이상 연속 배당금을 지급한 기업도 5개나 되었다. 무려 7.8%로 연간 배당률이 가장 높은 기업은 엑슨모빌로 선정되었다(2020년 6월 기준).

●── S&P500 내 배당 귀족 65종목(2020년 6월, 최근 12개월 기준)

기업명	심볼	누적지급연도(년)	연배당률	연배당금
Exxon Mobil	XOM	37	7.74%	$3.43
AT&T, Inc.	T	35	6.82%	$2.04
People's United Financial, Inc.	PBCT	13	6.26%	$0.71
Chevron Corp.	CVX	34	5.43%	$4.76
Franklin Resources, Inc.	BEN	38	5.09%	$1.04
Federal Realty Investment Trust(REIT)	FRT	52	4.85%	$4.11
Realty Income Corp.	O	24	4.53%	$2.80
Leggett & Platt, Inc.	LEG	48	4.51%	$1.56
AbbVie, Inc.	ABBV	47	4.44%	$4.28
Walgreens Boots Alliance, Inc.	WBA	44	4.24%	$1.80
Consolidated Edison, Inc.	ED	45	4.07%	$2.96
Nucor Corp.	NUE	46	3.91%	$1.60

기업명	심볼	누적지급연도(년)	연배당률	연배당금
3M Co.	MMM	61	3.70%	$5.76
Cardinal Health, Inc.	CAH	15	3.68%	$1.91
The Coca-Cola Co.	KO	57	3.61%	$1.60
Cincinnati Financial Corp.	CINF	59	3.47%	$2.21
Genuine Parts Co.	GPC	63	3.46%	$3.01
Archer-Daniels-Midland Co.	ADM	44	3.53%	$1.40
Essex Property Trust, Inc.	ESS	26	3.41%	$7.71
Emerson Electric Co.	EMR	63	3.21%	$1.97
VF Corp.	VFC	47	3.20%	$1.93
Aflac, Inc.	AFL	37	3.05%	$1.08
Caterpillar, Inc.	CAT	10	3.02%	$3.78
Kimberly-Clark Corp.	KMB	47	2.93%	$4.09
Sysco Corp.	SYY	49	2.87%	$1.56
PepsiCo, Inc.	PEP	47	2.87%	$3.76
Johnson & Johnson	JNJ	57	2.70%	$3.75
General Dynamics Corp.	GD	22	2.67%	$3.99
McDonald's Corp.	MCD	43	2.59%	$4.73
T. Rowe Price Group, Inc.	TROW	33	2.52%	$3.04
Procter & Gamble Co.	PG	63	2.51%	$2.95
Illinois Tool Works, Inc.	ITW	56	2.39%	$4.07
Amcor Plc	AMCR	N/A	2.36%	$0.24
Colgate-Palmolive Co.	CL	56	2.36%	$1.71
Chubb Ltd.	CB	54	2.35%	$2.96
Medtronic Plc	MDT	42	2.30%	$2.08
Atmos Energy Corp.	ATO	37	2.19%	$2.15

미국 주식이 답이다

기업명	심볼	누적지급연도(년)	연배당률	연배당금
Target Corp.	TGT	52	2.19%	$2.60
Automatic Data Processing, Inc.	ADP	45	2.16%	$3.16
Dover Corp.	DOV	64	2.05%	$1.94
Stanley Black & Decker, Inc.	SWK	52	1.98%	$2.70
A. O. Smith Corp.	AOS	14	1.94%	$0.90
Pentair Plc	PNR	43	1.93%	$0.72
Air Products & Chemicals, Inc.	APD	37	1.92%	$4.58
PPG Industries, Inc.	PPG	47	1.90%	$1.98
Albemarle Corp.	ALB	16	1.88%	$1.44
The Clorox Co.	CLX	42	1.86%	$4.04
W.W. Grainger, Inc.	GWW	48	1.87%	$5.68
Walmart, Inc.	WMT	45	1.77%	$2.11
Hormel Foods Corp.	HRL	53	1.74%	$0.84
Linde Plc	LIN	1	1.66%	$3.50
Lowe's Cos., Inc.	LOW	57	1.54%	$2.06
Abbott Laboratories	ABT	47	1.44%	$1.28
McCormick & Co., Inc.	MKC	33	1.27%	$2.28
Expeditors International of Washington, Inc.	EXPD	25	1.35%	$1.00
Becton, Dickinson & Co.	BDX	48	1.33%	$3.10
Brown-Forman Corp.	BF-B	35	1.05%	$0.66
Ecolab, Inc.	ECL	34	0.94%	$1.84
The Sherwin-Williams Co.	SHW	41	0.80%	$4.52
Cintas Corp.	CTAS	37	0.97%	$2.55
S&P Global, Inc.	SPGI	3	0.71%	$2.28
Roper Technologies, Inc.	ROP	21	0.48%	$1.85

기업명	심볼	누적지급연도(년)	연배당률	연배당금
Carrier Global Corp.	CARR	N/A	0.4%	$0.32
Otis Worldwide Corp.	OTIS	N/A	0.4%	$0.8

배당 일정은 아래의 사이트에서 확인할 수 있다.

www.wsj.com/mdc/public/page/2_3022-dividends.html#dividendsC

바로 보러 가기 ▶

이 중 STOCKS EX-DIVIDEND라는 항목을 참고하면 되는데, 여기서 날짜는 배당락일을 기재한 것이다. 다시 강조하지만, 배당락일 전일까지 매수해야 배당을 받을 수 있다. 배당 일정을 확인할 수 있는 또 다른 사이트로는 아래와 같은 곳들이 있다.

www.nasdaq.com/dividend-stocks/dividend-calendar.aspx

www.tipranks.com/calendars/dividends

바로 보러 가기 ▶

매주 배당금이 들어오는 포트폴리오

11

대한민국에 없었던,
누구도 생각하지 못한 최고의 배당 포트폴리오

필자는 지금까지 다양한 배당 관련 강의를 해왔다. 미국 주식의 특징 중 하나인 배당, 그와 관련한 '미국 주식으로 월세 받는 방법'은 미주미 강연www.goodeconomy.co.kr 중에서도 가장 인기 있는 콘텐츠 중 하나다. 배당하면 대부분의 사람들이 복리(컴파운드) 투자를 생각한다. 필자 역시 복리 투자와 관련된 강의를 가장 많이 했다. 복리는 장기간 보유 시 더할 나위 없이 매력 있는 투자이지만 인내가 필요하다. 단기간에 성과를 눈으로 확인하며 투자의 재미를 느끼기는 어려운 것이다. 그래서 복리와 성장주를 적절히 섞은 포트폴리오를 구성하기도 하였는데, 역시 투자의 재미라는 면에서는 한계가 있었다.

게다가 한국 주식은 배당에 인색하다. 그래서 처음 미국 주식에 진입하는 분들은 미국 주식의 특색 중 하나인 배당의 가치를 잘 인식하지 못한다.

'초보자들도 배당의 진정한 매력을 느낄 방법이 없을까?'

이와 관련해 필자가 긴 시간 고민한 끝에 탄생시킨 콘텐츠가 있다. 바로 1년

52주간 배당금을 받는 투자 포트폴리오다. 1년간 매주 배당금이 내 계좌로 들어오는 기적적인 포트폴리오를 지금부터 공개한다.

400만 원 투자로
1년간 매주 배당받는다

미국 주식의 배당 항목을 보면 배당락일ex-dividend date이라는 것이 있다(배당락일에 관해서는 100페이지의 설명을 참고하자). 배당에 관한 설명은 대부분 '배당락일'을 기준으로 하는데, 배당락일 전에 매수해야 해당 분기의 배당을 받을 수 있기 때문이다.

그러나 지금 소개할 포트폴리오에서는 배당락일이 아닌 배당지급일, 즉 페이먼트 데이트가 중요하다. 배당지급일을 기준으로 1년 52주, 매주 배당금을 받을 수 있도록 구성했기 때문이다.

지금부터 설명할 포트폴리오는 2020년을 기준으로 한 것이다. 혹자는 '그럼 2020년이 지나면 의미 없는 것이 아닌가' 하는 의문을 가질지 모른다. 그런 걱정을 하는 독자라면 안심해도 좋다. 미국 기업들은 되도록 일정한 시기에 배당을 지급하는 것이 관례로 굳어 있다. 1월부터 분기별 첫 달 첫 주에 지급한다면 별다른 사정이 없는 한 다음 해에도 같은 루틴이 반복된다는 이야기다. 그래서 이런 포트폴리오가 가능한 것이다.

다만 결산 일이 바뀐다든지의 사정으로 인하여 배당 일정이 약간씩 변경될 수는 있으니 참고하기 바란다. 또한 이 포트폴리오는 미국 현지의 배당지급일을 기준으로 하며 한국 증권사에서 실제로 배당 지급이 되는 시기와는 약간의 차이가 있음을 감안해야 하겠다.

보유할 주식은 다음의 23개 종목이다. 배당 지급은 배당락월의 1~2개월 내 이루어진다.

기업명	심볼	배당락월	배당수익률	연 배당금(현재일 기준)
Wal-Mart Stores	WMT	3, 5, 12	1.83%	$2.12
Kimberly-Clark Corp.	KMB	3, 6, 9, 12	2.89%	$4.12
Philip Morris International Inc.	PM	3, 6, 9, 12	5.29%	$4.68
Fifth Third Bancorp	FITB	3, 6, 9, 12	3.30%	$0.96
FMC Corp.	FMC	3, 6, 9, 12	1.78%	$1.76
Cisco Systems Inc..	CSCO	1, 4, 7, 10	2.91%	$1.4
SPDR S&P500 ETF Trust	SPY	3, 6, 9, 12	1.71%	$5.6
AT&T	T	1, 4, 7, 10	5.49%	$2.08
CVS Health Corp.	CVS	1, 4, 7, 10	2.65%	$2.0
ONEOK Inc.	OKE	1, 4, 8, 10	4.82%	$3.74
AbbVie Inc.	ABBV	1, 4, 7, 10	4.82%	$3.74
Apple Inc.	APPL	2, 5, 8, 11	0.98%	$3.08
Procter & Gamble Co.	PG	1, 4, 7, 10	2.36%	$2.98
Simon Property Group Inc.	SPG	2, 5, 8, 11	5.71%	$8.4
Citigroup Inc.	C	2, 5, 8, 11	2.51%	$2.04
Pfizer Inc.	PFE	2, 5, 8, 11	3.54%	$1.52
Boeing Co.	BA	2, 5, 8, 11	2.49%	$8.22
Johnson & Johnson	JNJ	2, 5, 8, 11	4.82%	$3.74
Microsoft Corp.	MSFT	2, 5, 8, 11	1.25%	$2.04
Duke Energy Corp.	DUK	2, 5, 8, 11	4.08%	$3.78
Avery Dennison Corp.	AVY	3, 6, 9, 12	1.75%	$2.32

기업명	심볼	배당락월	배당수익률	연 배당금(현재일 기준)
Lockheed Martin Corp.	LMT	2, 5, 8, 11	2.28%	$9.6
Goldman Sachs Group Inc.	GS	2, 5, 8, 11	2.03%	$5.0

이상은 미국을 대표하는 지수인 S&P500 기업 중 배당 지급이 일정하고 펀더멘탈이 좋아 장기 보유를 권할 수 있는 종목들을 '매주 배당'이라는 기준에 맞춰 구성한 것이다. 배당금 자체가 큰 기업들은 아니라서 배당락일 전에 매수해 배당금을 취하는 식의 기존 배당 관련 포트폴리오와는 다소 다르다.

전체 투자금은 크지 않다. 약 3000달러로 우리 돈 360만 원 남짓이다. 약 3000달러로 이 23개 종목을 한 번에 매수한다. 그러면 앞으로 1년 52주 빠짐없이 배당금을 받을 수 있을 것이다. 게다가 이들 종목은 대부분 이름만 대면 알 법한 미국 시장의 블루칩들로 중장기 보유를 권할 만한 것들이다.

일단 사두고 걱정 없이 지나다 보면 1년 내내 배당이 들어오고, 그것이 쌓여 훌륭한 미래 자산이 된다. 한마디로 연금처럼 생각하면 되는 것이다. 여기에 주가 수익까지 난다면 금상첨화일 테다. 생각만 해도 행복하지 않은가?

이들 배당 지급은 매 분기별로 이루어진다. 그러므로 한 분기의 구성을 알면, 그다음 분기부터는 같은 방식으로 배당이 일어나리란 걸 알 수 있다. 배당과 관련된 자세한 내용은 디비던드닷컴dividend.com에서 해당 기업명 또는 심볼을 검색하여 알아볼 수 있다. 정확한 지급일은 약간씩 변동되므로 매 분기 전(12, 3, 6, 9월) 한 번씩 확인해보는 것도 좋겠다.

알아두면 유용한
경제지표

12

더욱 전략적인 투자를 위해
챙겨보아야 할 것들

거듭 말하지만 미국 주식 투자 시 가장 중요하게 볼 것은 각 기업들의 실적이다. 여기에 더해 금융시장에 영향을 미치는 전반적인 경제 상황, 산업 동향 등을 파악해두면 성공적인 투자에 큰 도움이 될 것이다.

현지의 경제 상황과 산업 동향 등을 파악하기 위해서는 경제지표들을 확인하는 것이 필요하다. 나아가 각종 지표들을 해석하는 능력을 갖춘다면 보다 전략적인 투자가 가능해질 것이다.

베이지북Beige Book, 기업재고, 시카고 PMI, 건설지출, 소비자신뢰지수, 소비자신용, 소비자물가지수, 내구재 주문, 고용비용지수, GDP, 수입 및 수출 물가, 산업생산, 생산자물가지수, 소매판매 등 지금부터 소개하는 대다수의 경제지표들은 브리핑닷컴www.briefing.com/investor/calendars/economic에서 확인이 가능하다. 해당 페이지에 접속하면 릴리즈Release 항목에서 다양한 경제지표들을 찾을 수 있다.

베이지북 (Beige Book)

❶ **내용** : 연방준비제도Fed가 정기적으로 발표하는 경기 동향 보고서로, 표지 색이 베이지 색이라서 베이지북이라고 불린다. 초창기에는 레드북Red Book이라 불렸으며, 1970년부터 발행되었다. 당시 레드북은 각 지역별 경제 상황을 요약해 발행했는데, 고위관료들만이 볼 수 있는 고급 자료였다. 이후 1983년 일반에 공개되면서 책 표지가 베이지색으로 바뀌고 현재에 이르렀다.

❷ **판단** : 12개 지역 Fed가 산업생산활동, 소비동향, 물가, 고용시장 상황 등 경제정책 결정의 중요한 지표들을 조사하고 요약한다.

❸ **발표** : 일 년에 8번 발표되며 연방공개시장위원회FOMC가 개최되기 전, 해당 월 두 번째 주 수요일 오후 2시(동부시간)에 공개된다.

●── Fed를 통해 공개되는 베이지북

자료 : www.federalreserve.gov/monetarypolicy/beigebook/

바로 보러 가기 ▶

Board of Governors of the Federal Reserve System

The Federal Reserve, the central bank of the United States, provides the nation with a safe, flexible, and stable monetary and financial system.

| About the Fed | News & Events | Monetary Policy | Supervision & Regulation | Payment Systems | Economic Research | Data | Consumers & Communities |

Home > Monetary Policy

Beige Book

Summary of Commentary on Current Economic Conditions by Federal Reserve District

Commonly known as the Beige Book, this report is published eight times per year. Each Federal Reserve Bank gathers anecdotal information on current economic conditions in its District through reports from Bank and Branch directors and interviews with key business contacts, economists, market experts, and other sources. The Beige Book summarizes this information by District and sector. An overall summary of the twelve district reports is prepared by a designated Federal Reserve Bank on a rotating basis.

📁 Archive ●

Related Information

Frequently Asked Questions

2020

January 15   HTML | PDF

기업재고 (Business Inventories)

❶ **내용** : 제조업체, 도매업체, 소매업체가 보유하는 재고량을 달러량으로 측정한다. 재고 목록은 총생산량GDP의 판매되지 않은 물건을 확인하는 데 도움이 되므로 GDP의 중요한 요소가 된다. 따라서 경기 동향의 흐름을 파악하는 지표라고 보면 된다.

❷ **판단** : 재고량과 판매량이 같이 늘어나는지를 확인하고 만약 두 가지가 모두 늘어난다면 생산 활동이 활발한 경기확장 국면으로 판단한다.

❸ **발표** : 2개월 전 데이터를 매월 중순(15일 전후) 오전 8시 30분에 발표한다.

●── 기업재고 지표

자료 : www.briefing.com/investor/calendars/economic/releases/businv.htm

바로 보러 가기 ▶

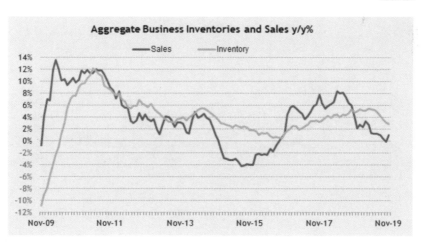

Aggregate Business Inventories and Sales y/y%

──Sales ──Inventory

시카고 PMI (Chicago PMI)

❶ **내용** : 미국의 시카고 구매 관리자 협회National Association of Purchasing Management-Chicago에서 매월 발표하는 지표로 시카고 구매 관리자 협회지수라고 불린다. PMI지수는 미국 최대의 공업지대인 시카고 인근 지역의 제조업 동향을 나타내는 지표로 50 이상은 경기확장, 50 이하는 경기위축을 나타낸다.

❷ **판단** : 시카고 PMI는 ISM Mfg Index(공급관리협회 제조업 지수)보다 앞서 발표되기 때문에 ISM Mfg index를 가늠할 수 있는 예비 선행지표로 활용되며, 제조업의 정확한 성장률을 보여주기보다는 전월과 수치를 비교하여 호전 여부를 판단한다.

❸ **발표** : 매월 마지막 영업일 오전 9시 45분에 발표된다.

●── 시카고 PMI 지표

자료 : www.briefing.com/investor/calendars/economic/releases/chi.htm

바로 보러 가기 ▶

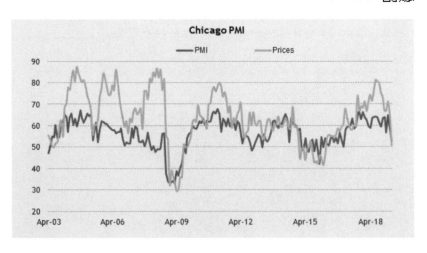

<h1 align="center">건설지출(Construction Spending)</h1>

❶ 내용 : 건설지출은 거주, 비거주, 공공건물 건축비용의 달러화 가치에 대한 데이터다.

❷ 판단 : 향후 건설 경기에 대한 낙관이 건설지출을 증가시켜 건설지출 지표가 증가한다. 하지만 경기가 안 좋거나 전망이 비관적이면 건설지출이 감소한다(그래프를 보면 쉽게 이해할 수 있다). 2007년 금융위기 때는 건설 경기가 안 좋아 건설지출이 감소했다가 이후에 서서히 회복하는 모습을 확인할 수 있다.

❸ 발표 : 2개월 전의 데이터를 매월 첫 영업일 오전 10시에 발표한다.

●── 건설지출 지표

자료 : www.briefing.com/Investor/Calendars/Economic/Releases/const.htm

바로 보러 가기 ▶

소비자신뢰지수(Consumer Confidence)

❶ **내용 :** 매월 5000가구를 상대로 설문을 통해 소비심리를 파악하는 지표다. 소비자들이 경기를 어떻게 생각하는지 파악하기 위해 만들어진 것으로, 1982년 100으로 시작되었다. 내용 중 60%는 향후 전망, 40%는 현재 상황으로 작성된다.

❷ **판단 :** 미국의 경제 상태를 나타내는 선행지수 중의 하나로, 예상치를 상회하는지 하회하는지 비교하고 전월 수치와 비교해서 판단한다.

❸ **발표 :** 매월 마지막 주 화요일 오전 10시에 발표한다.

●── 소비자신뢰지수 지표

자료 : www.briefing.com/Investor/Calendars/Economic/Releases/conf.htm 　바로 보러 가기 ▶

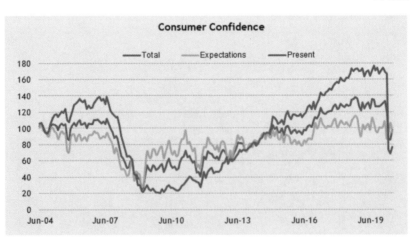

　　　　　　　　　　　　　　　　　　　　　　미국 주식이 답이다

소비자신용(Consumer Credit)

❶ 내용 : 소비자가 소비재를 구입하면서 받은 대출을 수치로 나타낸 지표이다.

❷ 판단 : 단기적인 대출 감소는 부실채권의 감소를 가져오지만, 이는 경제상황이 안 좋아 은행권에서 대출을 줄이고 있다는 의미다. 따라서 경기 호전 국면에서는 소비자대출의 증가가 수반된다고 판단하면 된다.

❸ 발표 : 2개월 전 데이터를 매월 5영업일 오후 3시에 발표한다.

●━━ 소비자신용 지표

자료 : www.briefing.com/investor/calendars/economic/releases/credit.htm

바로 보러 가기 ▶

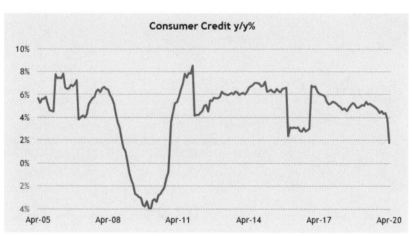

소비자물가지수 (Consumer Price Index)

❶ **내용** : 소비자가 구입하는 소비재 및 서비스의 가격 변동을 나타내는 대표적인 물가 지수다. 특히 변동성이 큰 에너지와 식품 부분을 제외한 Core CPI가 중요하다.

❷ **판단** : 대표적인 물가지수 가운데 하나로 연방준비제도에서 인플레이션을 판단하는 데 중요한 지표로 사용되고 있으며, 금리 결정의 중요한 요소다.

❸ **발표** : 1개월 전 데이터를 매월 중순 오전 8시 30분에 발표한다.

●── 소비자물가지수 지표

자료 : www.briefing.com/investor/calendars/economic/releases/cpi.htm

바로 보러 가기 ▶

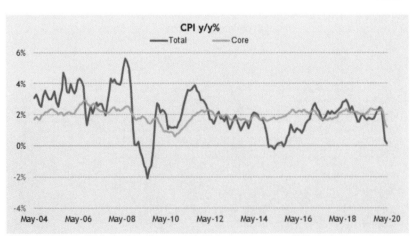

미국 주식이 답이다

미시간 대학의 소비자신뢰지수

(Univ. of Michigan Consumer Sentiment Index)

❶ 내용 : 콘퍼런스보드Conference Board의 대표적인 선행지표 중 하나다. 소
　　　 비자신뢰지수와 마찬가지로 미시간 대학에서 500명의 소비자들
　　　 을 설문 조사하는데 현재 또는 미래의 가계 상황, 경기 상황, 구매
　　　 계획 등의 내용을 담고 있다.

❷ 판단 : 전월 예비수치와 최종수치를 비교하여 증감을 보고 소비자의 현
　　　 상황에 대한 신뢰도를 판단한다. 소비자신뢰지수와 마찬가지로 경
　　　 기후퇴 시 수치가 감소하고 경기확장 시 수치가 증가한다.

❸ 발표 : 예비수치는 매월 두 번째 금요일 오전 10시에 발표하며, 최종수치
　　　 는 매월 네 번째 금요일 오전 10시에 발표한다.

●── 미시간 대학의 소비자신뢰지수 지표

　　자료 : www.briefing.com/investor/calendars/economic/releases/mich.htm

바로 보러 가기 ▶

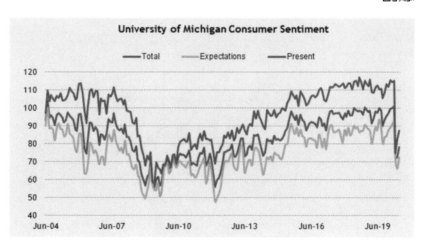

내구재주문 (Durable Goods Orders)

❶ 내용 : 내구재 주문, 출하, 재고를 달러량으로 나타낸 지표다. 제조업 활동을 가장 잘 반영하는 선행지표 중 하나이기도 하다. 내구재 주문을 구성하는 방위산업과 항공 산업은 변동성이 너무 크므로 제외한다.

❷ 판단 : 제조업 활동이 얼마나 활발한지를 예측할 수 있다. 전월 데이터와 비교하면서 경기회복의 전환점을 예상할 수 있다.

❸ 발표 : 전월 데이터를 매월 26일 전후 오전 8시 30분에 발표한다.

●── 내구재주문 지표
자료 : www.briefing.com/Investor/Calendars/Economic/Releases/durord.htm

바로 보러 가기 ▶

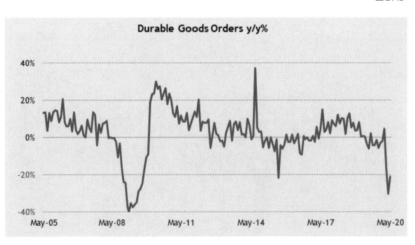

고용비용지수 (Employment Cost Index)

❶ 내용 : 1996년 그린스펀 전 의장에 의해 언급되면서 중요한 지표로 인식되기 시작했다. 고용비용지수는 총고용급여, 임금과 급여, 상여금으로 구성되며 연간, 분기별 변화를 반영한다.

❷ 판단 : 고용비용지수의 완만한 증감은 별로 중요하지 않다. 그러나 급격한 상승이 발생하면 물가의 상승을 불러오고, 물가의 상승은 인플레이션으로 이어지면서 결국 금리 인상으로 이어지는 경우가 있다. 데이터의 꾸준한 하락은 경기가 위축될 때 나타난다.

❸ 발표 : 전 분기 데이터를 새로운 분기의 첫 달 말일 전후 오전 8시 30분에 발표한다. 1년에 4번 발표된다.

●── 고용비용지수 지표

자료 : www.briefing.com/investor/calendars/economic/releases/eci.htm

바로 보러 가기 ▶

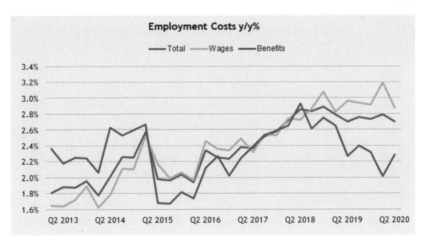

세상에서 가장 쉬운 미국 주식 시작하기

매월 발표되는 고용지표

❶ Average Workweek 주당 평균노동시간

❷ Hourly Earnings 시간 당 임금 상승률

❸ Nonfarm Payrolls 비농업부문 고용 상황, 즉 신규 일자리 수를 뜻함

❹ Unemployment Rate 실업률

❺ 발표 : 전월 데이터를 매월 첫 번째 금요일 오전 8시 30분에 발표한다.

매주 발표되는 고용지표 : 이니셜 클레임 (Initial Claims)

❶ 내용 : 주간 신규 실업수당 신청 건수로 매주 새롭게 실직하는 사람들의

●── 이니셜 클레임 지표

자료 : www.briefing.com/investor/calendars/economic/releases/claims.htm   바로 보러 가기 ▶

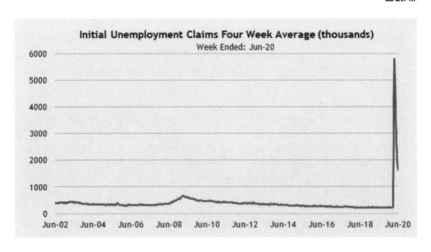

수당을 나타내는 지표다.

❷ 판단 : 30만 건 이하의 수치가 발표되면 대개 고용시장이 안정되었다고 판단한다. 2007년 금융위기 때는 주간 실업수당 신청 건수가 65만 건을 넘어간 일도 있었다.

❸ 발표 : 전주 데이터를 매주 목요일 오전 8시 30분에 발표한다.

기존주택판매(Existing Home Sales)

❶ 내용 : 판매 계약이 완료된 기존 주택판매 건수에 대한 통계 지표다.

❷ 판단 : 경기가 호전되면 판매가 늘고, 반대로 경기침체 시에는 판매가 부진해진다.

●── 기존주택판매 지표
　자료 : fred.stlouisfed.org/series/EXHOSLUSM495S

바로 보기 가기 ▶

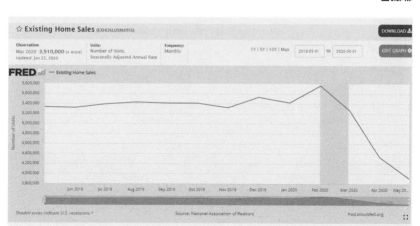

❸ 발표 : 전월 데이터를 매월 25일 전후 오전 10시에 발표한다.

신규주택판매(New Home Sales)

❶ 내용 : 판매 계약이 체결된 신규주택판매 건수에 대한 통계다.

❷ 판단 : 경기가 호전되면 판매가 늘고, 반대로 경기가 침체되면 판매가 부진해진다.

❸ 발표 : 전월 데이터를 매월 마지막 영업일 전후 오전 10시에 발표한다.

●── 신규주택판매 지표

자료 : www.briefing.com/Investor/Calendars/Economic/Releases/newhom.htm   바로 보러 가기 ▶

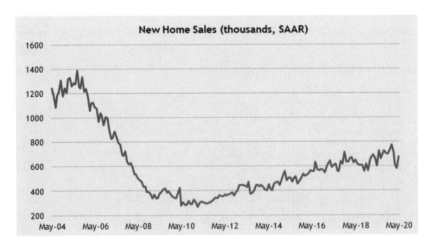

주택착공 (Housing Starts) / 건축허가(Building Permits)

❶ 내용 : 미국 내 개인 소유의 신규주택 착공의 수를 집계한다. 다세대나 아
파트 등의 공동주택은 포함되지만, 호텔·모텔·기숙사 등 공동거주
지는 포함되지 않는다. 데이터에 포함되는 것은 허가를 받은 주택
의 수, 건축 예정인 주택의 수, 건설 시작·진행·완료된 주택의 수
로 한정된다.

건축허가Building Permits는 주택착공과 같은 날 같은 시간에 발표
되는 지표로써 말 그대로 월별 건축허가 건수를 나타내며, 이 두 지
표로 미국의 부동산 경기 흐름을 파악할 수 있다.

❷ 판단 : 금리와 경기에 민감하게 움직이는 지표로 주로 경기선행지표로 활
용된다. 이자율이 상승하면 주택판매가 줄고 뒤이어 주택착공도

●── 주택착공 지표

자료 : www.briefing.com/Investor/Calendars/Economic/Releases/starts.htm　　바로 보러 가기 ▶

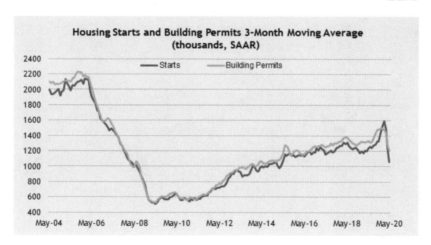

감소하며, 이자율이 낮아지면 주택판매가 늘고, 따라서 주택착공
도 늘어난다.

❸ 발표 : 전월 데이터를 매월 16일 전후 오전 8시 30분에 발표한다.

공장주문 (Factory Orders)

❶ 내용 : 내구재(자동차, 전자제품 등) 주문과 비 내구재(의류, 식품 등) 주문을
합친 것으로, 내구재주문Durable Orders 발표 일주일 후 발표된다.
공장주문 중 내구재와 비 내구재의 비율은 54 : 46으로 내구재주
문만으로도 공장주문의 지표를 미리 예측할 수 있다. 공장주문은
신규 주문, 생산, 반품, 재고 등의 금액을 합해서 발표된다.

●── 공장주문 지표
    자료 : www.briefing.com/Investor/Calendars/Economic/Releases/facord.htm   바로 보러 가기 ▶

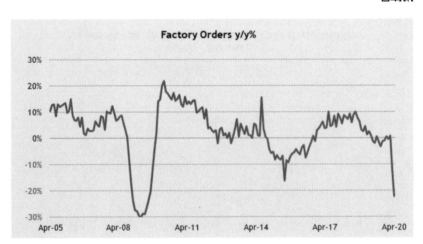

미국 주식이 답이다

❷ 판단 : 미국의 제조업 동향에 중요한 지표로, 전월 수치와 비교하여 증가 시에는 경기호전을 기대하고, 반대로 감소 시에는 경기둔화를 예측할 수 있다.

❸ 발표 : 2개월 전 데이터를 매월 첫째 주 오전 10시에 발표한다.

국내총생산(GDP)

❶ 내용 : 국내·외 자국민의 총생산이 GNP인 반면, GDP Gross Domestic Product는 미국 내 총생산을 말한다. GDP는 한 국가에서 생산된 최종생산물을 시장가격으로 환산한 것으로 소비, 투자, 순수출Net Exports(수출—수입), 정부지출, 재고 등으로 구성되며, 그중 소비가 전체의 2/3 이상을 차지한다.

❷ 판단 : 연방준비제도의 많은 정책 수립과 미 의회의 예산 수립에 중요한 지표로 사용된다. GDP가 상승하면 경기확장으로 이어져 금리와 주가의 상승을 불러오며, GDP가 하락하면 경기후퇴로 이어지며 금리가 낮아지고 통화가 시장에 풀리기 시작한다.

❸ 발표 : 전 분기 GDP를 현재 분기 첫 달에는 추정치, 두 번째 달에는 예비치, 현재 분기 마지막 달에 확정치로 발표한다. 매월 셋째 주 내지 넷째 주 오전 8시 30분에 발표된다.

명목GDP(Nominal GDP)와 실질GDP(Real GDP)

❶ **명목GDP** : GDP는 한 국가에서 생산된 최종생산물을 시장가격으로 환산하는데, 그해 시장가격으로 환산한 것이다.

❷ **실질GDP** : 명목GDP를 특정 연도의 물가를 기준으로 환산한 것으로, 쉽게 말하면 GDP를 산출할 때 시장의 물가 변동 분을 제거한 것이다. 따라서 가격은 변함없다는 기준을 두고 생산량의 변동만을 측정한다. 경제성장률을 구할 때는 실질GDP가 쓰인다.

●── 명목GDP 지표

자료 : www.briefing.com/investor/calendars/economic/releases/gdp.htm

바로 보러 가기 ▶

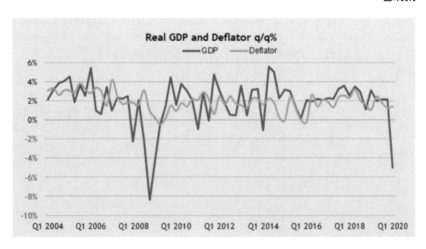

미국 주식이 답이다

수입 및 수출물가(Import and Export Prices)

❶ 내용 : 수출·입물가의 가격 변동을 나타내는 지표로, 달러의 강·약세, 즉 환율의 움직임과 밀접한 관계가 있다. 주요 내용은 수입품의 가격 움직임, 오일은 제외한 수입품의 가격 움직임, 수출품의 가격 움직임, 농산물을 제외한 수출품의 가격 움직임이다. 특히 수입품의 가격 움직임은 미국 내 인플레이션에 큰 영향을 미친다.

❷ 판단 : 달러의 강세 시, 수출·입 물가는 하락하는 경향이 있다. OPEC의 결정에 변동성이 커지므로 오일을 제외한 수입물가가 주로 사용된다. 또 날씨로 인해 변동성이 커지므로 농산물을 제외한 수출물가도 주로 사용되며 미국의 경쟁력을 분석하는 지표로 쓰인다.

❸ 발표 : 전월 데이터를 매월 둘째 주 오전 8시 30분에 발표한다.

●── 수입 및 수출물가 지표

자료 : www.briefing.com/Investor/Calendars/Economic/Releases/emp.htm

바로 보러 가기 ▶

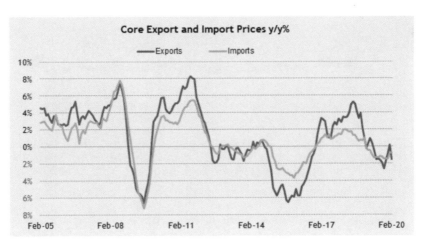

산업생산(Industrial Production)

❶ 내용 : 대표적인 경기 동행지표로 제조업, 광업, 유틸리티 업종의 생산량을 측정한다. 제조업 분야가 가장 큰 비중을 차지하며 공장 가동시간과 밀접한 관계가 있다.

유틸리티 분야는 날씨와 상관 관계가 깊으며 혹한기와 혹서기 때 생산량이 부쩍 늘어난다.

❷ 판단 : 공장가동률을 측정하는 지표로 사용되기도 하는 산업생산 지표는 경기의 호·불황을 나타내는 지표로 유용하게 사용된다. 연방준비제도 역시 한 해의 경제성장률의 측정할 때 산업생산 지표를 사용하기도 한다.

❸ 발표 : 전월 데이터를 매월 15일 전후 오전 9시 15분에 발표한다.

●── 산업생산 지표

자료: www.briefing.com/investor/calendars/economic/releases/indprd.htm

바로 보러 가기 ▶

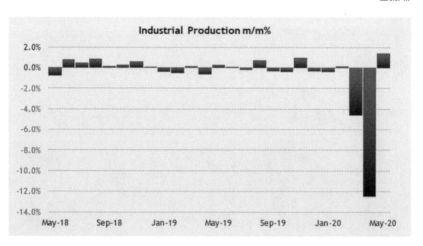

미국 주식이 답이다

ISM 제조업지수(ISM Index)

❶ 내용 : The Institute for Supply Management's Index의 약자로서 '공급관리자협회지수'라고 한다. 산출방식은 공급관리자협회에서 소비자신뢰지수와 같이 설문 조사를 통하는데, 50개 주의 20가지 업종에 속해있는 400개 회사로부터 새로운 주문(30%), 생산(25%), 고용(20%), 운송(15%), 재고(10%)에 대한 설문을 토대로 지표를 산출한다. 설문은 개선, 악화, 불변으로 간단하게 체크한다. 50을 기준으로 50 이하 시 경기수축을 반영하며, 50 이상 시 경기확장을 반영한다.

❷ 판단 : 미국의 대표적인 선행지표로, 제조업 경제활동을 미리 예상할 수 있으며 주식시장에 큰 영향을 주는 지표다. 미국 월가의 전문가들이 가장 신뢰하는 지표 중의 하나이기도 하다. 전 달의 수치 변화

●── ISM 제조업지수 지표

자료 : www.briefing.com/investor/calendars/economic/releases/napm.htm

바로 보러 가기 ▶

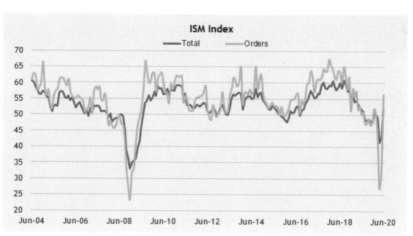

와 50을 기준으로 경기 확장과 수축을 가늠한다.

❸ 발표 : 전월 데이터를 매월 첫 영업일 오전 10시에 발표한다.

ISM 서비스지수(ISM services)

❶ 내용 : ISM 제조업지수가 제조업 분야의 지표라면, ISM 서비스지수는 비제
조업, 즉 서비스업 분야의 지표다. 370개 회사의 설문 조사를 통하
여 지표를 산출하며 나머지 내용은 ISM 제조업지수와 동일하다.

❷ 판단 : ISM 제조업지수보다 중요도는 떨어지지만, 최근 들어 전자상거래
의 시장규모가 커지면서 B급 이상의 중요도를 갖는다. ISM 제조
업지수와 마찬가지로, 전 달의 수치 변화와 50을 기준으로 경기확

●— ISM 서비스지수 지표

자료 : www.briefing.com/Investor/Calendars/Economic/Releases/napmserv.htm 바로 보러 가기 ▶

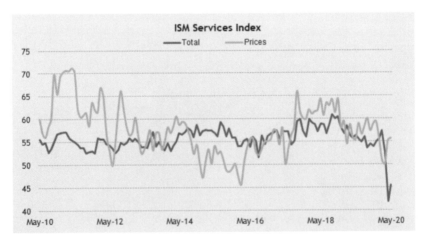

미국 주식이 답이다

장과 수축을 가늠한다.

❸ 발표 : 전월 데이터를 매월 세 번째 영업일 오전 10시에 발표한다(ISM 제조업지수보다 이틀 늦게 발표된다).

선행지표(Leading Indicators)

❶ 내용 : 경기의 움직임에 선행하는 지표로, 경제 상황 전반을 예측하는 데 쓰인다. 선행지표를 만드는 데는 다음 10가지 지표가 사용된다.

1. 연방금리와 10년물 국채와의 금리 차이   2. 통화량 측정을 위한 M2

의 수치(현금, 예·적금, 상품, 금융채, 어음 등) 동향   3. 주간 평균 근로시간 동향

4. 제조업자의 신규 주문 동향(소비재)   5. S&P500 지수 동향

● ── 선행지표

자료 : www.briefing.com/investor/calendars/economic/releases/leader.htm

바로 보러 가기 ▶

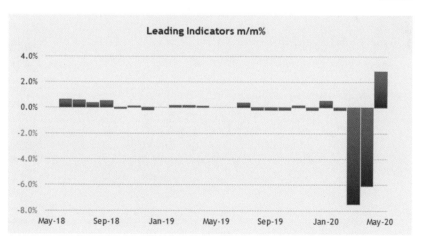

6. ISM 제조업지수의 동향   7. 신규실업수당 신청 건수의 주간 동향

8. 주택허가 건수 동향   9. 미시간 대학의 소비자신뢰지수 동향

10. 제조업자의 신규 주문 동향(자본재)

❷ 판단 : 선행지표라는 말 그대로 경기후퇴 전에 수치가 감소하고, 경기확장 전에 수치가 증가한다.

❸ 발표 : 전월 데이터를 매월 셋째 주 오전 10시에 발표한다.

트럭, 자동차 매출(Auto, Truck Sales)

❶ 내용 : 미국에서 생산된 자동차와 트럭의 판매량을 나타내는 지표로 전체 소매 판매의 25% 비중을 차지한다. 따라서 개인의 소비증가를 가늠하고, 대부분의 차량을 할부로 구입하기 때문에 이자율에 민감하게 반응한다. 또한 특이하게 차량 제조사에서 독자적으로 데이터를 발표한다.

●── 트럭, 자동차 매출 지표

자료 : research.stlouisfed.org/fred2/series/ALTSALES

바로 보러 가기 ▶

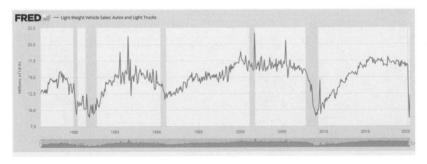

❷ 판단 : 차량의 판매량을 나타낸 것으로, 개인 소비 및 소매 판매와 관련이
있다. 경기후퇴 시 다양한 판매 전략으로 인해 단기간 판매량이
늘어날 수는 있으나 전체적인 경기와 흐름을 같이 한다.

❸ 발표 : 전월 데이터를 매월 첫 영업일에서 세 번째 영업일 사이에 발표하
는데, 발표 날짜가 정해져 있지 않고 차량 제조사의 편의에 따라
수시로 정해진다.

개인소득과 지출(Personal Income & Spending)

❶ 내용 : 개인의 소득과 지출 부분을 나타내는 지표다. 개인소득은 급료와
임금이 가장 큰 부분을 차지하며, 그 밖에 임대수익, 정부보조금,

●── 개인소득과 지출 지표

자료 : www.briefing.com/Investor/Calendars/Economic/Releases/income.htm

바로 보러 가기 ▶

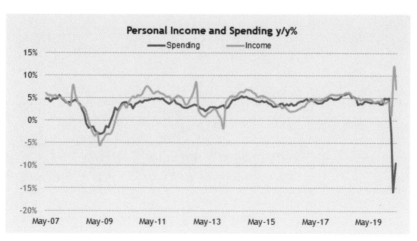

이자소득, 배당소득 등이 있다. 개인소비는 내구재, 비 내구재, 서비스 등으로 분류된다.

❷ 판단 : 개인소득은 고용지표와 연관성이 있으며, 개인지출은 소매 판매와 관련이 깊다. 따라서 독자적인 지표로써 중요성을 띤다기보다는 경기 흐름과 비슷한 움직임을 나타내는 것이 특징이다.

❸ 발표 : 2개월 전 데이터를 매월 첫 영업일 전후 오전 8시 30분에 발표한다.

필라델피아 연은지수(The Philadelphia Fed survey)

❶ 내용 : 시카고 PMI와 같이 필라델피아 인근 지역의 제조업 상황을 설문 조사해 발표한 것으로 미국 제조업 활동을 잘 나타내는 지표다.

●── 필라델피아 연은지수
자료 : www.briefing.com/investor/calendars/economic/releases/phil.htm

바로 보러 가기 ▶

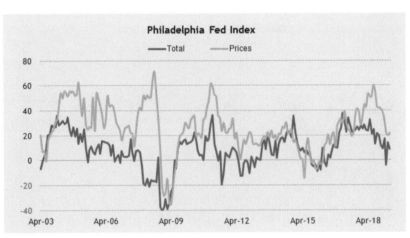

❷ 판단 : 0을 기준으로 0 이하이면 경기수축을 나타내며, 0 이상이면 경기
확장을 나타낸다.

❸ 발표 : 현재 월의 데이터를 매월 세 번째 목요일 12시에 발표한다.

생산자물가지수(Producer Price Index)

❶ 내용 : 생산자물가지수는 도매 상품가격을 측정하는 지표다. 도매상품은
세 가지로 분류하는데, 미 가공품과 중간재 그리고 완제품이 있으
며 완제품이 생산자물가지수PPI 산출에 큰 비중을 차지한다. 또
한 소비자물가지수CPI에 선행하며 Core CPI와 같이 변동성이 큰
에너지와 식품을 제외한 Core PPI가 따로 발표된다.

●── 생산자물가지수 지표

자료 : www.briefing.com/investor/calendars/economic/releases/ppi.htm

바로 보러 가기 ▶

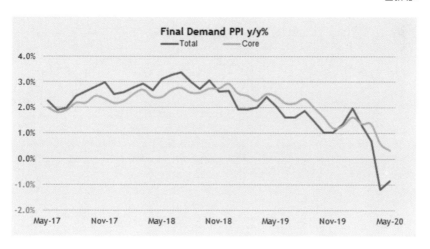

❷ 판단 : 생산자물가지수는 소비자물가지수에 선행하면서 영향을 준다. 생산자물가지수가 증가하면 물가상승 압력에 의한 인플레이션 우려가 발생한다. 반대로 경기가 침체하며 생산자물가지수가 지속적으로 하락하면 금리 인하 요인으로 작용한다.

❸ 발표 : 전월 데이터를 매월 11번째 영업일 전후 오전 8시 30분에 발표한다.

소매판매(Retail Sales)

❶ 내용 : 소매점에서 일어난 모든 매출을 집계해 나타낸다. 특히 소비자지출과 관련이 깊고, 변동성이 큰 자동차는 지표산출에서 제외된다. 또한 상품만 집계하며 서비스 부문은 포함하지 않는 게 특징이다.

●── 소매판매 지표

자료 : www.briefing.com/Investor/Calendars/Economic/Releases/retail.htm 　바로 보러 가기 ▶

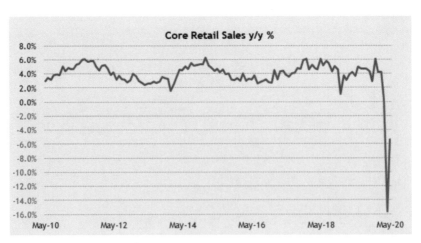

　　　　미국 주식이 답이다

❷ 판단 : 소매 판매는 미국경제의 가장 큰 부분인 소비에 대한 부분을 파악
할 수 있는 지표다. 하지만 자동차, 서비스 부분이 제외되는 등 전
체적인 소비의 정도를 나타내기는 충분하지 않다. 즉 인플레이션
을 파악하기에는 부족한 지표다.

❸ 발표 : 전월 데이터를 매월 13번째 영업일을 전후하여 오전 8시 30분에 발
표한다.

무역수지(Trade Balance)

❶ 내용 : 수출량에서 수입량을 뺀 수치다. GDP의 중요한 요소이며, 특히 미국
의 대외무역의 성장 정도를 알 수 있는 수출부분이 중요하다.

●── 무역수지 지표
　　자료 : www.briefing.com/Investor/Calendars/Economic/Releases/trade.htm　　바로 보러 가기 ▶

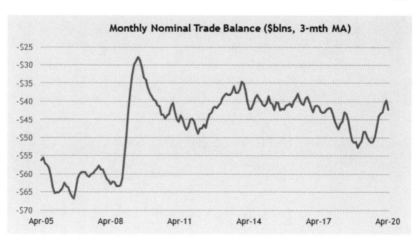

❷ 판단 : 순수출Net Exports은 GDP의 중요한 요소 중의 하나이므로 월별
　　　　무역수지는 분기 GDP를 결정짓는 기초 자료가 된다. 미국의 골칫
　　　　덩이인 무역적자의 현황을 한눈에 알 수 있다.

❸ 발표 : 2개월 전 데이터를 매월 10번째 영업일 전후 오전 8시 30분에 발표
　　　　한다.

재정수지(Treasury Budget)

❶ 내용 : 미국의 재정수지라고 하며, 미국의 무역적자와 함께 재정적자를 겪
　　　　으면서 관심도가 올라갔다. 하지만 전문가들은 월보다는 연 단위
　　　　의 재정수지를 더 신뢰하며, 특히 재정수입의 하나인 세수입이 크

●── 재정수지 지표
　　자료 : www.briefing.com/Investor/Calendars/Economic/Releases/budget.htm　　바로 보러 가기 ▶

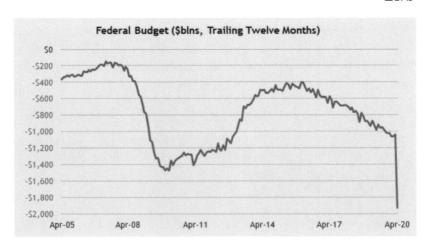

게 늘어나는 매년 4월을 주시한다.

❷ 판단 : 미국은 금융위기 이후 지속적으로 재정적자를 보이고 있다. 건강
보험개혁 등과 같은 복지비용 부담과 경기부양책으로 인하여 적
자가 쉽게 줄어들 것으로 보이지는 않는다.

❸ 발표 : 전월 데이터를 매월 셋째 주 오후 2시에 발표한다.

도매재고(Wholesale Inventories)

❶ 내용 : 제조과정이 첫 번째 단계라면, 두 번째 단계인 도매업의 판매와 재
고를 나타내는 지표다. 기업재고는 생산, 도·소매, 판매 등 전 과정
에서의 재고를 집계하는 한편, 도매재고는 그렇지 못해 중요도는

●── 도매재고 지표

자료 : www.briefing.com/investor/calendars/economic/releases/whlsls.htm

바로 보러 가기 ▶

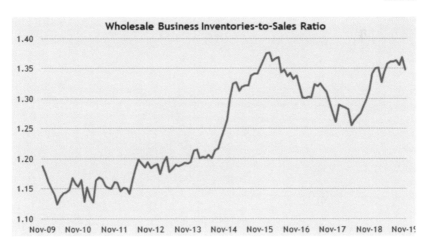

다소 떨어진다.

❷ 판단 : 기업재고와 비슷하나, 기업재고보다 먼저 발표되며 GDP의 재고 부분에 중요한 요소로 작용한다. 일반적으로 경기수축 시 재고가 증가하고, 경기확장 시 재고가 줄어든다.

❸ 발표 : 2개월 전 데이터를 매월 7번째 영업일 오전 10시에 발표한다.

지금 주목해야 할
직접 투자 종목 & ETF

생초보도
돈 버는
글로벌 유망 종목

마이크로소프트

01

Microsoft Corporation
심볼 MSFT (미국 : 나스닥)

2021년 현재 애플과 함께 시가총액 1위를 다투는 마이크로소프트. 1975년 빌 게이츠와 폴 엘런이 창업한 이래 전 세계 PC 운용 체계(윈도우) 및 오피스용 소프트웨어(MS오피스) 분야의 절대 강자다. 닷컴 버블 이후 한때 고전하기도 했지만 빌 게이츠가 빌 & 멜린다 게이츠 재단Bill & Melinda Gates Foundation, B&MGF 에 주력하기 위하여 2008년 은퇴한 뒤부터 꾸준히 재도약하고 있다.

2014년 이후 현재까지의 CEO는 사티아 나델라Satya Nadella다. 그는 시대적 흐름에 맞추어 기존 CD 형태의 소프트웨어 판매 형식을 과감하게 클라우드와 구독 결제 시스템으로 바꾸었고, 그 결과 마이크로소프트의 제2의 전성시대를 이끌고 있다.

가장 성장이 큰 분야는 역시 애저Azure 브랜드를 갖고있는 클라우드 서비스와 마이크로소프트 365Microsoft 365이다. 클라우드 분야는 아마존의 AWS에 이어 아직은 2위이지만 미 국방부의 100억 달러 사업권을 확보하는 등(아직은

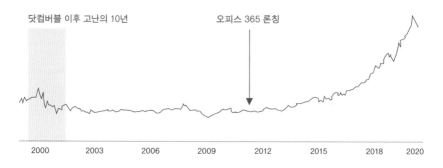

●── 마이크로소프트의 주가 추이와 주요 기점

닷컴버블 이후 고난의 10년

오피스 365 론칭

2000   2003   2006   2009   2012   2015   2018   2020

법정다툼 중) 매년 50~60%씩 고성장을 이어가며 선두 진입을 노리고 있다.

변함없이 인기를 끌고 있는 엑스박스Xbox 게임기와 게임 스트리밍에서도 절대적인 고객층을 확보하고 있음은 물론이다.

그런가 하면 코로나19 시대를 겪으면서 재택근무의 일상화가 뚜렷한 가운데, 화상회의 솔루션의 원조격인 스카이프Skype도 마이크로소프트사의 서비스라는 데 주목할 필요가 있다.

클라우드 기반 협업 체계인 마이크로소프트 팀즈Teams는 업무용 메신저(채팅), 화상회의, 파일 공유 등을 지원하는데 2019년 9월만 해도 일간 활성화 사용자 수가 1500만 명 수준이었지만, 2020년 3월에는 7500만 명으로, 2020년 10월 말 기준으로는 1억 1500만 명으로 급증했다. 재택근무로 인한 원거리 협업, 업무능률 강화를 위한 모바일 커뮤니케이션의 중요성이 높아지는 상황에서 지금보다 앞으로가 더 기대되는 서비스라 하겠다.

마지막으로 16년째 배당금을 인상하고 있는 우량 배당주라는 점도 꼭 기억했으면 한다.

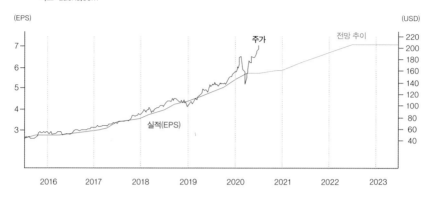

● 마이크로소프트 주가, 분기별 이익 및 전망 추이

자료 : zacks.com

● 마이크로소프트 연간 이익 (단위 : 십억 달러)

자료 : quotes.wsj.com

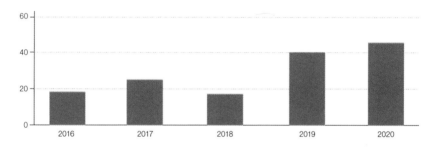

● 마이크로소프트 매출 추이

자료 : quotes.wsj.com

구분	2020	5년간 트렌드
순이익 성장 Net Income Growth	+12.85%	
매출액 Sales or Revenue	143.01B	
매출액 성장 Sales or Revenue Growth	+13.95%	
EBITDA	+65.26B	

넷플릭스

$$02$$

Netflix Inc.
심볼 NFLX (미국 : 나스닥)

불과 몇 년 전까지만 해도 국내에서는 서비스조차 하지 않았던 넷플릭스.
이제는 국내 가입자 수만 270만 명이 넘는다(다수가 계정을 공동으로 사용할
수 있다는 점에서 실제 사용자 수는 600만 명 이상일 수도 있다). 넷플릭스가 공식
적으로 발표하지는 않고 있으나, 업계에서 추정하는 국내에서의 월 결제
액만도 362억 원이다(2020년 3월 기준). 2년 동안 무려 9~10배나 급증한 것으
로 이제 사용자 규모 면으로 보면 국내 KT나 SK브로드밴드 같은 IPTV, 케이
블 업체와도 충분히 경쟁이 가능한 수준으로 커졌다.

국내뿐 아니라 전 세계 동영상(영화, 드라마, 다큐멘터리 등) 스트리밍 서비스 최
대 기업으로 성장한 넷플릭스는 1997년 캘리포니아주 스콧츠 밸리에서 리드
해스팅스Reed Hastings와 마크 랜돌프Marc Randolph가 설립했다. 사명인 넷플
릭스NETFLIX는 인터넷Net과 영화Flicks를 합성하여 만든 것이다.

2020년 말 기준으로 전 세계 유료 가입자 수 2억 명을 넘어섰고 여전히 북미

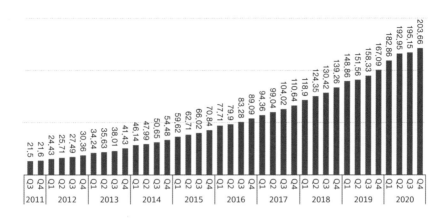

이외 지역에서의 증가세가 이어지고 있다. 중국, 시리아, 북한 이란 등을 제외한 대부분의 국가에서 서비스를 제공하고 있음은 물론이다. 코로나19 시대에 접어들면서는 한 분기에 무려 1600만 명 수준의 가입자가 급증하기도 했다. 재택근무가 늘어나는 시대 상황을 반영해서 월가에서는 기존 수요예측 모델 대비 최소한 5% 이상 수요가 늘어날 것으로 예측하기도 한다.

물론 넷플릭스에 대한 비판적 시각도 여전하다. 가장 대표적인 것은 디즈니 플러스Disney +, 애플 TV 플러스, 아마존 프라임 TV, 홀루HULU 등 경쟁사들의 끊임없는 등장과 도전이다. 넷플릭스는 이에 맞서기 위해 전 세계에서 영화, 드라마, 다큐멘터리 등의 판권을 사들이거나 직접 제작하는 데 엄청난 돈을 쏟아붓고 있는데 이것은 순 현금 흐름의 마이너스로 나타날 수밖에 없다. CEO 리드 해스팅스의 바람과는 달리, 수년째 긍정적인 순 현금으로의 전환이 지연되고 있다는 점은 투자 시 유의할 부분이기도 하다.

● ── 넷플릭스 주가, 분기별 이익 및 전망 추이

자료 : zacks.com

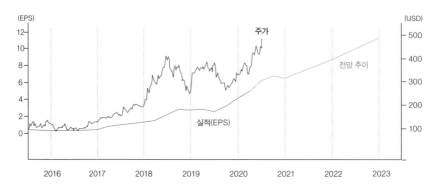

● ── 넷플릭스 연간 이익 (단위 : 억 달러)

자료 : quotes.wsj.com

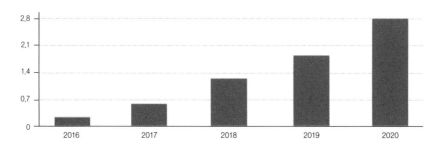

● ── 넷플릭스 매출 추이

자료 : quotes.wsj.com

구분	2020	5년간 트렌드
순이익 성장 Net Income Growth	+47.91%	
매출액 Sales or Revenue	25.00B	
매출액 성장 Sales or Revenue Growth	+24.01%	
EBITDA	+15.51B	

미국 주식이 답이다

비자

03

Visa
심볼 V (미국 : 뉴욕증권거래소)

전 세계 국제 신용결제의 60%가량을 점유하고 있을 정도로 신용카드의 대명
사처럼 인식되고 있는 기업이 바로 비자다. 아멕스, 다이너스 클럽, 디스커버, 은
련, JCB 등의 카드를 받지 않는 곳은 많지만, 비자카드를 받지 않는 곳은 거의
없다는 사실은 독자분들도 인정할 것이다.

필자가 초보 투자자들을 대상으로 하는 수많은 강연이나 강의에서 늘 빼놓
지 않고 소개하는 것이 마이크로소프트MSFT와 비자V다. 모두에게 익숙하기
도 하거니와 대부분의 사람들이 하루 한두 번씩은 이 기업들을 이용하는 소비
자이기 때문이다. 자신이 사용하고 있고 잘 아는 기업부터 투자하는 것은 기본
중의 기본이다.

비자는 1958년 뱅크 오브 아메리카BOA의 뱅크 아메리카드BankAmericard라
는 신용카드에서 시작되었다. 이후 2만 1000여 개의 금융기관이 합작하여 비자
카드를 형성했다. 참고로 뱅크 오브 아메리카의 라이벌 은행들이 연합해서 만

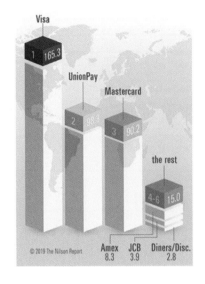

● 2018년 글로벌 카드 브랜드 순위
자료 : 닐슨리포트, 2019

든 것이 현재의 마스터카드Mastercard. MA다.

그렇다면 비자카드는 전 세계적으로 얼마나 많이 사용될까? 2018년 연간(닐슨리포트 자료 인용) 사용액 기준 3위는 마스터카드로 900억 달러다. 2위는 유니언페이(은련카드)로 980억 달러다. 그리고 1위가 바로 비자로, 무려 1650억 달러다.

혹자는 이렇게 생각할지도 모른다. '최근 들어서만 1등을 기록한 것은 아닐까?' '최대 경쟁사인 마스터카드의 성장세가 더 무섭지는 않을까?'

과거 14년 동안의 사용액 기준 증가율을 보면 그런 우려는 할 필요가 없다. 비자는 220% 성장했고, 마스터카드는 87% 성장했다. 다만 데빗 카드debit card(이용 대금이 즉시 결제되는 직불 카드)의 경우 비자가 371%, 마스터카드가 677% 성장했다.

그럼에도 불구하고 원초적인 질문이 하나 있을 법하다. "이미 신용카드 한두 장 이상 없는 사람이 없는데 과연 성장을 이어갈 수 있을까요?"라는 의문이다. 이에 대한 대답 대신 놀라운 사실 한 가지를 공유한다. 전 세계에서 신용카드를 보유한 사람의 비율은 전체 인구의 20%에 못 미친다는 사실이다.

한 번 더 닐슨리포트의 전망을 인용하자면, 향후 10년간 아시아 태평양 지역에서는 신용카드의 사용이 330%가량 늘어날 것이라고 한다. 미국도 87%, 유

미국 주식이 답이다

●── 비자 vs. 마스터카드 성장 추이 비교 (단위 : 조 달러)

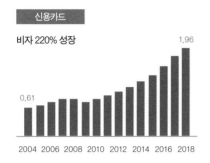

신용카드

비자 220% 성장
0.61 → 1.96
2004 2006 2008 2010 2012 2014 2016 2018

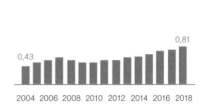

마스터카드 87% 성장
0.43 → 0.81
2004 2006 2008 2010 2012 2014 2016 2018

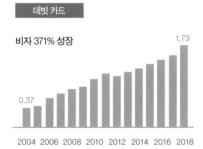

데빗 카드

비자 371% 성장
0.37 → 1.73
2004 2006 2008 2010 2012 2014 2016 2018

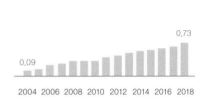

마스터카드 677% 성장
0.09 → 0.73
2004 2006 2008 2010 2012 2014 2016 2018

럽은 139%, 중동 아프리카는 392%나 커질 전망이다.

　시장은 여전히 커지는 가운데 쭉 점유율 1등을 이어가고 이는 기업이 바로 비자란 사실을 기억하자.

● 비자 주가, 분기별 이익 및 전망 추이

자료 : zacks.com

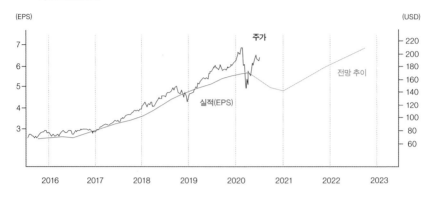

● 비자 연간 이익 (단위 : 십억 달러)

자료 : quotes.wsj.com

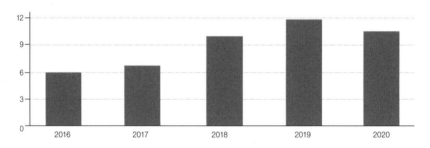

● 비자 매출 추이

자료 : quotes.wsj.com

구분	2020	5년간 트렌드		
순이익 성장 Net Income Growth	-10.09%			
매출액 Sales or Revenue	21.85B			
매출액 성장 Sales or Revenue Growth	-4.92%			
EBITDA	+14.88B			

미국 주식이 답이다

블랙록

04

BlackRock Inc.
심볼 BLK (미국 : 뉴욕증권거래소)

자타공인 세계 최대의 자산 운용사가 바로 블랙록 자산운용이다. 현 CEO이기도 한 래리 핑크Lawrence Douglas Fink와 로버트 캐피토Robert Steven Kapito 등 8명이 1988년 공동 설립했다. 래리 핑크는 현재도 미국 내에서 가장 영향력 있는 금융인 중 한 명으로 손꼽힌다.

설립 초기에는 주식형 펀드로 사업을 시작했고, 이후 모기지 증권시장에 진출하면서 업계 상위권으로 도약했다. 이후 1999년, IT 버블 이후 혼란 시기를 겪으면서 업계 최고의 반열로 올라가게 되었다.

블랙록의 자산운용 규모는 2020년 말 기준 8.67조 달러로, 한화로는 약 9550조 원 수준에 달한다. 워낙 큰돈이라 감이 부족한 독자분들을 위해 설명하자면, 국내 최대라 할 국민연금의 운용 규모가 약 600조 원이므로 국민연금의 약 15배라고 이해하면 된다.

참고로 2위 자산운용사는 인덱스펀드의 창시자로, 2018년 고인이 된 존 보

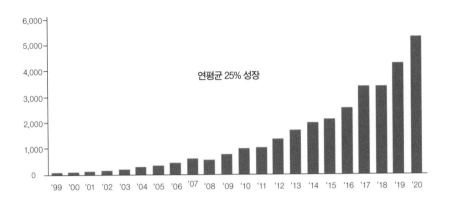

●— 전 세계 ETF 자산의 성장 추이

연평균 25% 성장

글이 창업한 뱅가드Vanguard 자산운용이다.

그렇지만 1위와 2위의 규모 차는 너무 크다. 미국 ETF 시장만 좁혀서 보면 블랙록이 39%, 그리고 뱅가드가 26%, 그리고 SPY ETF로 유명한 스테이트스트리트Statestreet가 16%의 점유율을 보이고 있다.

현재 미국에는 약 2000여 개의 ETF가 상장되어 있고, 자산 규모는 4조 달러다. 블랙록에 주목해야 할 이유가 바로 여기에 있다. 뱅크 오브 아메리카의 전망에 따르면, 2020년 4조 달러 규모의 ETF 시장은 2030년이면 50조 달러 시장으로 급팽창할 전망이다. 이런 상황에서 시장 1위 기업, 그것도 압도적인 점유율을 기록하고 있는 블랙록에 관심을 가지는 것은 당연하지 않을까.

미국 주식이 답이다

●── 블랙록 주가, 분기별 이익 및 전망 추이

자료 : zacks.com

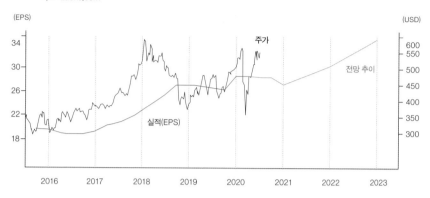

●── 블랙록 연간 이익 (단위 : 십억 달러)

자료 : quotes.wsj.com

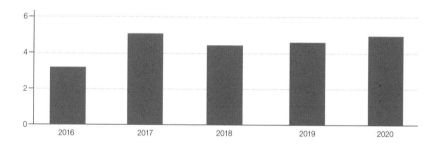

●── 블랙록 매출 추이

자료 : quotes.wsj.com

구분	2020	5년간 트렌드
매출액 Sales or Revenue	16.93B	
총 투자 수익 Total Investment Income	972.00M	
매매계정 수익 Trading Account Income	-	-
총 지출 Total Expense	10.71B	

AMD

05

Advanced Micro Devices Inc.
심볼 AMD (미국 : 나스닥)

컴퓨터 CPU 분야에서는 인텔Intel(INTC)유일한 경쟁사이고, GPU 분야에서는 엔비디아NVIDIA(NVDA)의 유일한 경쟁사가 바로 어드밴스트 마이크로 디바이시 즈Advanced Micro Devices, 즉 AMD다.

1969년, 페어차일드 반도체의 제리 샌더스Jerry Sanders가 7명의 이사를 데리고 나와 5월 1일에 설립했고, 이후 각종 논리회로 칩을 설계하였다. 1980년대까지는 인텔에서 라이선스를 받아서 생산하는 수준이었으나 이후 특허 및 반독점과 관련된 인텔과의 긴 소송 끝에 본격적인 경쟁 시장에 진출, 독자 노선을 걷기 시작했다. 그렇지만 회사는 끊임없는 부침을 겪었고 만년 2인자라는 평가를 받기도 했다.

AMD가 도약에 성공한 것은 엔지니어 출신으로 연구에 전념했던 MIT 박사 출신 리사 수Lisa Su가 2014년 CEO에 취임하면서부터다. 공식석상에서도 최고 경영자CEO보다는 박사라는 타이틀로 불리기를 선호하는 리사 수는, 연구 인력을 대거 보강함으로써 신뢰와 기술력의 이미지를 확보하는 데 성공했다. 또한 지속적인 구조조정에 힘썼으며, 인공지능과 고성능 칩 시장에 적극 투자했다. 그녀의 노력은 결국 AMD 라이젠RYZEN 1세대와 2세대 시리즈의 빅 히트로 보상받았다.

라이젠의 성공을 계기로 AMD는 인텔을 위협하는 2인자로서 급격히 위상을 제고했다. 특히 2020년 설립 50주년에 발표한 젠ZEN 2는 경쟁사 대비 15% 이상의 성능 차이를 시현하면서 다시 한번 세상을 놀라게 했다.

AMD의 최근 3년간의 주가 상승률은 최상위 수준이다. 2018년에는 +78.8%, 2019년에는 S&P500 기업 내 수익률 1등을 기록한 148.4%, 2020년에는 100.0%의 상승률이다. 여전히 엔비디아와 더불어 가장 관심을 많이 받는 반도체 기업 중 하나임에 틀림없다.

● ── AMD 주가, 분기별 이익 및 전망 추이

자료 : zacks.com

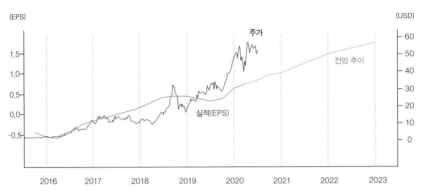

● ── AMD 연간 이익 (단위 : 백만 달러)

자료 : quotes.wsj.com

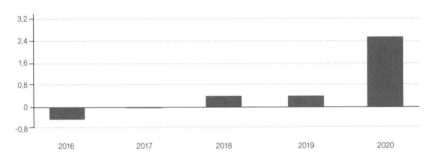

● ── AMD 매출 추이

자료 : quotes.wsj.com

구분	2020	5년간 트렌드
순이익 성장 Net Income Growth	+630.21%	
매출액 Sales or Revenue	9.76B	
매출액 성장 Sales or Revenue Growth	+45.05%	
EBITDA	+1.72M	

미국 주식이 답이다

인튜이티브 서지컬

06

Intuitive Surgical Inc.
심볼 ISRG (미국 : 나스닥)

캘리포니아주 서니베일에 본사를 둔 인튜이티브 서지컬은 세계 최고 기술의 로봇 수술 장비 제조판매업체로, 본서의 2016년 판과 2018년 판에서 소개한 데 이어 이번에도 선정했다. 기업 이름은 여전히 생소하지만, '다빈치 로봇 수술'은 한 번쯤 들어본 분이 많을 것이다. 바로 다빈치 로봇 수술 시스템da Vinci® Surgical System을 개발하고 제작 및 공급하는 회사가 바로 이 회사다. 대형 절개 대신 배꼽 주변 2.5cm 미만의 구멍으로 로봇 기구를 삽입하여 이루어지는 최소 침습 수술(최소한의 흉터로 하는 수술)법으로 유명해졌다. 정밀도가 높고 회복력이 우수하다는 장점이 있다.

다빈치 수술 시스템은 1999년 1월에 처음 출시되었고, 로봇 수술 시스템으로는 최초로 FDA의 승인을 받았다. 전 세계에 4300대 이상이 설치되어 있으며 미국에서만 2770대가 보급되어 있다.

오랜 업력을 바탕으로 인튜이티브 서지컬은 약 2250여 건 이상의 특허에 대한 권리를 이미 가지고 있고 1550여 건 이상의 특허 출원을 진행 중이다. 후발 경쟁사가 따라오기에는 어려움이 있을 수밖에 없다.

인튜이티브 서지컬의 출발은 1980년대 후반, 비영리기구인 SRIStanford Research Institute 인터내셔널의 연구에서 시작되었다. 이후 미국 헬스 연구소로부터 자금 지원을 받으며 많은 박사들이 연구에 참여, 기업화에 성공했다. 원래는 다빈치가 아닌 레니Lenny가 브랜드명이었다는 재미있는 일화도 소개한다. 레니란 레오나르도 다빈치의 젊은 시절 애칭인데, 이후 브랜드명을 아예 다빈치로 바꾼 것이다.

의료 현대화를 위한 전 세계의 투자 확대 추세, 환자·의사 모두 로봇 수술에 대한 선호도 증가가 맞물리면서 인튜이티브 서지컬의 성장세는 계속 이어지고 있다.

다빈치 수술 시스템의 주목할 만한 특징은 한 번 제품을 판매하고 끝나는 사업 구조가 아니라 지속적인 시스템 업데이트와 후속 A/S가 한결같이 이어진다는 것이다. 그런 측면에서 압도적인 시장 지위가 앞으로도 지속될 가능성이 크다.

● 인튜이티브 서지컬 주가, 분기별 이익 및 전망 추이

자료 : zacks.com

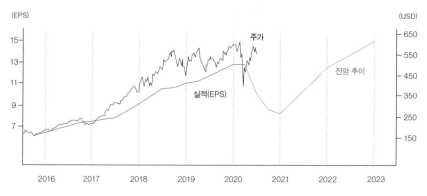

● 인튜이티브 서지컬 연간 이익 (단위 : 십억 달러)

자료 : quotes.wsj.com

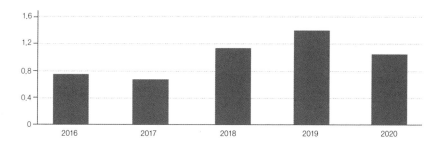

● 인튜이티브 서지컬 매출 추이

자료 : quotes.wsj.com

구분	2020	5년간 트렌드
순이익 성장 Net Income Growth	-23.11%	
매출액 Sales or Revenue	4.36B	
매출액 성장 Sales or Revenue Growth	-2.69%	
EBITDA	+1.33B	

넥스테라 에너지

07

NextEra Energy Inc.
심볼 NEE (미국 : 뉴욕증권거래소)

1984년 설립된 미국의 대표적인 에너지 회사로 풍력, 태양광, 재생 에너지 분야의 대표 기업이다. 2019년 말 기준으로 4만 5500와트의 전력을 생산하고 있으며 전 세계에 1만 5000여 명의 직원이 있다. 미국 내 30개 주와 캐나다에서 발전 사업을 하고 있으며 세계 최대의 신재생 에너지 발전소를 보유하고 있는 것으로도 유명하다.

현재와 같은 넥스테라 에너지가 된 것은 1984년이지만 그 모태는 지금으로부터 100년 전인 1925년 플로리다 전력&조명 회사Florida Power & Light Company로 거슬러 올라간다. 이후 1969년 아폴로 11호 발사에 전력 발전을 제공하였고, 플로리다 지역 내 첫 원자력과 풍력 발전도 도맡았다. 2009년에는 미국 최대 풍력·태양광 발전 기업으로 성장하고, 사명을 현재의 넥스테라 에너지로 바꾸었다.

국내와 달리 미국 시장에서는 유틸리티 섹터가 돋보인다. 그 이유는 미국의

넥스테라 에너지의 변천

경우 민간 기업이 지역별로 수도, 전력, 가스 공급 사업을 추진하는 경우가 대부분인 데다 경기 변동에 상관없이 안정적인 사업군을 선호하는 투자자가 많기 때문이다. 참고로 미국 S&P500 내 유틸리티 섹터의 비중은 2020년 6월 현재 3.24%이다. (에너지 2.4%, 소재 2.5%, 리츠 2.8%, 기술 26.9%이다.)

유틸리티 섹터는 총 29개 종목으로 구성되어 있는데 도미니언 에너지 Dominion Energy, **D**와 듀크 에너지Duke Energy, **DUK**가 각각 2위, 3위이며 넥스테라 에너지는 섹터 내 비중 15.1%로 당당히 1위를 차지하고 있다.

이 섹터의 특징인 안정성을 바탕으로 배당도 꾸준히 주고 있다. 15년 연속 배당금을 올려서 지급했는데, 배당금만 최근 10년 동안 150%가 증가했다. 이 같은 추세는 최근 15년 연평균 주당 이익이 9.4%나 증가했다는 실적 개선에 근거한 것이다.

화석 에너지를 줄이고 신재생 에너지를 선호하는 시대 환경에 맞추어 가고 있는 넥스테라 에너지. S&P 글로벌이 선정한 ESG(환경, 사회, 지배구조) 평가에서 섹터 내 최고 점수를 받고 있다는 점도 중요한 투자 포인트라 하겠다.

● 넥스테라 에너지 주가, 분기별 이익 및 전망 추이

자료 : zacks.com

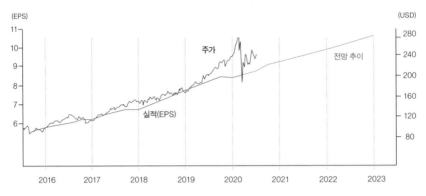

● 넥스테라 에너지 연간 이익 (단위 : 십억 달러)

자료 : quotes.wsj.com

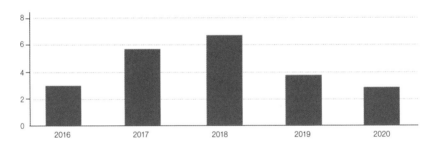

● 넥스테라 에너지 매출 추이

자료 : quotes.wsj.com

구분	2020	5년간 트렌드
순이익 성장 Net Income Growth	-22.55%	
매출액 Sales or Revenue	17.08B	
매출액 성장 Sales or Revenue Growth	-2.34%	
EBITDA	+8.34B	

미국 주식이 답이다

페이팔

PayPal Holdings, Inc.
심볼 PYPL (미국 : 나스닥)

페이팔은 미국, 캐나다 등 해외에서 생활하는 사람, 유학생을 둔 부모, 그리고 해외 직구족에게는 매우 익숙한 온라인 모바일 간편결제 시스템의 대명사다. 은행 계좌번호나 신용카드 노출 없이 쉽게 돈을 주고받을 수 있게 하는 서비스로 우리나라에서 서비스 중인 카카오페이, 네이버페이 등의 원조 격이라고 이해하면 편하다.

페이팔과 관련해 많은 분들이 관심을 가질 만한 이야기가 있다. 일론 머스크의 테슬라Tesla(TSLA)가 현재와 같이 성장하기까지, 그 종잣돈을 마련하게 해준 것이 바로 페이팔이라는 사실이다. 이를 이해하기 위해서는 페이팔의 성장 스토리를 살펴볼 필요가 있다.

페이팔은 1998년 칸피니티Confinity라는 모바일 기기 보안 서비스 회사에서 시작되었다. 2000년에 일론 머스크가 창업한 온라인 뱅킹 회사인 엑스닷컴 X.com과 합병한 후, 이듬해에 사명을 페이팔로 변경하였다. 2002년 기업 공개후 이베이eBay(EBAY)에 피인수되며 상장 폐지되었다가, 2015년 칼 아이칸의 요구로 이베이에서 다시 분리 재상장되었다.

이처럼 일론 머스크의 합류, 상장과 이베이로의 피인수를 거치면서 일론 머스크를 비롯한 수많은 천재 엔지니어 벤처 창업가들이 큰돈을 벌었는데 이들은 후에 '페이팔 마피아'로 불리게 되었다. 페이팔의 공동창업자 겸 CEO였던 피터 틸Peter Thiel, 공동 CEO였던 일론 머스크Elon Musk, 천재 엔지니어 맥스 레브친Max Levchin, 유튜브를 만든 엔지니어 스티브 첸Steve Chen과 채드 헐리 Chad Hurley, 링크드인 창업자 리드 호프만Reid Hoffman 등이 그들이다.

페이팔은 오늘날 전 세계 온갖 상거래에서 이용되고 있다. 데이터나이즈 유니버스 집계 기준으로 글로벌 40여 만 상거래 업체에서 사용되고 있으며 시장 점유율은 60.3%로 압도적이다. 최근 5년간 매출도 연평균 22% 증가했다.

페이팔은 대학교 등록금, 학교 행사, 각종 펀드 모금은 물론이고 교통범칙금 결제까지 지원한다. 2013년에는 특히 개인들의 간편 송금시장 업체인 벤모 Venmo를 인수함으로써 잠재적인 시장 가치를 더욱 키웠다. 이와 관련, 돈을 주고받을 때 '벤모'라는 표현이 동사로 사용될 정도로 미국인의 삶에서 한 자리를 차지하고 있다는 점 역시 주목해야 할 것이다.

● 페이팔 주가, 분기별 이익 및 전망 추이

자료 : zacks.com

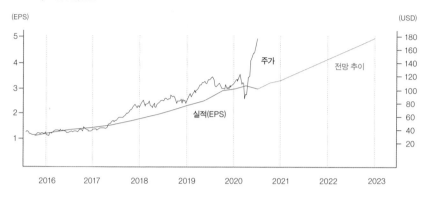

● 페이팔 연간 이익 (단위 : 십억 달러)

자료 : quotes.wsj.com

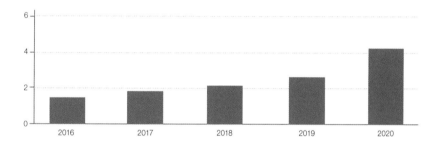

● 페이팔 매출 추이

자료 : quotes.wsj.com

구분	2020	5년간 트렌드
순이익 성장 Net Income Growth	+70.88%	
매출액 Sales or Revenue	21.43B	
매출액 성장 Sales or Revenue Growth	+22.24%	
EBITDA	+4.60B	

쇼피파이

Shopify Inc.
심볼 SHOP (미국 : 뉴욕증권거래소)

쇼피파이는 2006년 캐나다에서 시작된 전자상거래 서비스 플랫폼 기업이다. 사이트 개설, 결제, 웹페이지 디자인 등 온라인 쇼핑몰 운영 통합 서비스를 제공하고 있으며 본사는 캐나다 오타와에 소재한다.

정식 서비스를 시작한 지 6년 만에 미국 내 e커머스 유통 시장에서 아마존 Amazon(AMZN)에 이어 2위로 올라섰다(참고로 이베이는 2019년 말 기준으로 3위로 내려앉았다). 월가에서는 e커머스 유통시장에서 아마존에 맞설 수 있는 유일한 기업이라는 평가를 받고 있다.

쇼피파이가 낯선 독자들을 위해 아마존, 이베이와 쇼피파이의 차이점을 알아보자.

아마존은 대형 직영 백화점 같은 곳이다. 직접 상품을 매입해 소비자에게 판매한다. 물류를 혁신해 상품 가격을 낮추고, 배송을 개선해 주문한 소비자에게 더 빨리 상품이 도착하도록 한 것이 경쟁력이다.

미국 주식이 답이다

이베이는 원칙적으로 다양한 판매자가 올린 상품을 소비자가 구매할 수 있게 중개 역할을 하고 있다.

쇼피파이는 플랫폼만 제공하고, 자체 온라인 쇼핑몰을 구축한 판매자가 직접 판매하는 형태다. 해당 사이트 어디에도 쇼피파이 플랫폼을 쓰고 있다는 표시가 없다. 매출은 두 가지 부문에서 나온다. 첫째, 다양한 단계별 온라인 쇼핑몰 사업을 도와주는 서브스크립션 솔루션Subscription Solutions. 둘째, 온라인 쇼핑몰과 관련된 부가 서비스에서 발생하는 매출인 머천트 솔루션. 구체적으로는 자체 결제 시스템인 '쇼피파이 페이먼트' 거래 수수료, 마케팅 서비스, 중소상인에게 자금을 제공하는 '쇼피파이 캐피털' 수익 및 자체 소프트웨어와 연동되는 포스POS 기기에서 발생되는 수익이다.

단돈 29달러면 간단한 클릭과 업로드를 통해서 전 세계에 물건을 파는 사이트를 구축할 수 있다. 회사 측 홈페이지의 소개에 따르면, 블로그를 운영할 정도의 실력이면 누구나 쉽게 상품 판매 사이트를 구축 및 유지할 수 있다고 한다. 이미 전 세계 100만 명이 넘는 사업자들이 쇼피파이의 플랫폼을 사용하고 있으며 아마존, 알리바바 사이트와도 연계되어 있어 쇼피파이를 통해 한 번에 여러 여러 플랫폼상의 상품들을 관리할 수 있다. 2020년 서비스를 시작한 페이스북 숍과도 파트너십을 체결했다.

오늘날 쇼피파이는 급성장을 거듭하며 캐나다 기업 기준 시가총액 최상단에 진입하였다. 이는 독일 출신 CEO인 토비아스 뤼트케Tobias Lutke의 철저한 고객 위주의 사업 전개 방식 덕분이다. 스노보드 광팬인 그가 직접 판매 사이트를 구축하면서 느꼈던 각종 어려움에 바탕하여 전 세계 온라인 판매자들의 고충을 해결해주겠다는 신념에서 출발한 쇼피파이의 앞날이 더욱 기대되는 이유이기도 하다.

●── 쇼피파이 에너지 주가, 분기별 이익 및 전망 추이

자료 : zacks.com

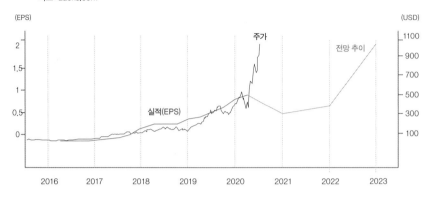

●── 쇼피파이 연간 이익 (단위 : 백만 달러)

자료 : quotes.wsj.com

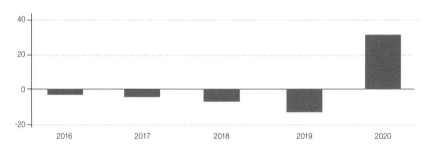

●── 쇼피파이 매출 추이

자료 : quotes.wsj.com

구분	2020	5년간 트렌드
순이익 성장 Net Income Growth	-	
매출액 Sales or Revenue	2.93B	
매출액 성장 Sales or Revenue Growth	+85.63%	
EBITDA	+199.24M	

크록스

10

Crocs Inc.
심볼 CROX (미국 : 나스닥)

대한민국 소비자들에게도 많은 사랑을 받고 있는 크록스를 소개한다. 2002년 미국 콜로라도 볼더에서 소박하면서도 편안한 보트 슈즈 브랜드로 시작한 크록스는 린던 한슨Lyndon Hanson이 창업한 기업이다. 애초 '물이 잘 빠지는 신발'이라는 콘셉트에서 출발하여, 현재는 수백 가지 스타일의 남성용·여성용·어린이용 신발 등이 전 세계에서 판매되고 있다. 모든 크록스 신발은 크로슬라이트Croslite™라는 크록스 고유의 밀폐형 셀 수지를 사용하여 디자인되고 제작되는 것이 특징이며, 이것이 인기의 비결 중 하나다.

현재까지 크록스 신발은 3억 켤레 이상 판매되었는데, 다양한 전문 직종이 애용하는 브랜드이기도 하다. 대표적인 곳이 병원, 특히 수술실과 방송국인데 다음과 같은 이유라고 한다. "위생 상 이유로 수술실에 드나들 때마다 발에 신은 것을 다 벗고 수술실 안에서만 신는 신발로 갈아 신어야 하는데, 크록스는 신고 벗기가 용이하다." "발이 편한 데다 여름에는 통기성이 있어 오래 신고 일해도 부담이 없다."

크록스는 그 종류도 어마어마하다. 우리가 흔히 아는 일반적인 스타일만이 아니라, 겨울용 부츠는 물론 결혼식 신부용도 있다. 웨딩 슈즈도 종류가 다양하다.

크록스의 또 다른 인기 비결은 수많은 종류의 지비츠jibbitz다. 지비츠는 크록스의 신발 상부를 꾸미는 일종의 액세서리 아이템인데, 이를 통해 컬러풀한 자기만의 크록스를 만들 수 있다. 크록스만의 독특한 디자인, 엔터테인먼트, 스포츠 라이선스 및 새로운 3D 스타일의 지비츠 장식 등을 통해 세상에 하나뿐인 크록스를 만들 수 있는 것이다. 지비치는 신발 외에 손목 밴드, 지갑, 핸드폰 케이스, 비치 백, 백팩 등을 장식하는 데도 사용된다.

이런 인기를 바탕으로 파이퍼 제프레이 증권이 실시한 브랜드 서베이에서 크록스는 2019년 10대 부문에서 7위에 올라서며 처음으로 10위권에 진입하였다 (2017년에는 27위, 2018년에는 13위를 차지했다). 이 같은 선호도의 급상승은 고스란히 기업의 실적으로 반영되기 마련이다.

필자가 강연 때마다 강조하는 것이지만, 주식 투자를 어렵게 생각할 이유는 전혀 없다. 본인과 주위에서 좋아하고 많이 쓰는 브랜드나 서비스가 있다면 그 주식이 독자 분들의 선택해야 할 1순위라 할 것이다.

● ── 크록스 주가, 분기별 이익 및 전망 추이

자료 : zacks.com

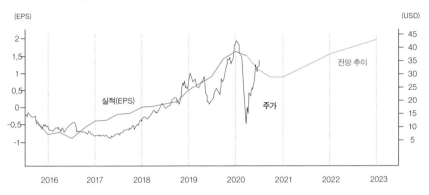

● ── 크록스 연간 이익 (단위 : 백만 달러)

자료 : quotes.wsj.com

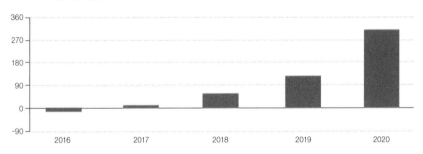

● ── 크록스 매출 추이

자료 : quotes.wsj.com

구분	2020	5년간 트렌드
순이익 성장 Net Income Growth	+161.81%	
매출액 Sales or Revenue	1.39B	
매출액 성장 Sales or Revenue Growth	+12.62%	
EBITDA	+266.61M	

텔러스

11

TELUS Corp.
심볼 TU (미국 : 뉴욕증권거래소)

텔러스는 캐나다 국적의 종합통신 회사이다. 이동통신 기준 시장점유율 1위는 로저스Rogers Communications(RCI)(32.4%)이며 벨Bell(29.2%)에 이어 텔러스가 28.9%로 3위를 차지하고 있다.

쇼피파이와 마찬가지로 미국 뉴욕과 캐나다 토론토에 동시에 상장되어 있는 기업이다. 다만 심볼이 다르니 유의할 필요가 있다. 뉴욕에서는 TU로 상장되어 있고, 토론토에서는 T로 상장되어 있다는 점을 꼭 기억하기 바란다.

국내외 통신사 대부분이 그러하듯이 인터넷 액세스, 음성 통화, 엔터테인먼트, 건강 관리, 비디오 및 IPTV 텔레비전을 포함한 광범위한 통신 제품 및 서비스를 제공하고 있다.

출발은 국내 KT의 경우와 거의 흡사하다. 국가에서 하던 통신업무가 민영화의 길로 가는 형태였다. 캐나다의 주 가운데 하나인 앨버타주 정부의 민영화 방침에 의해 1990년 그 지역의 유일한 전화 서비스 제공업체로 설립되었다. 이

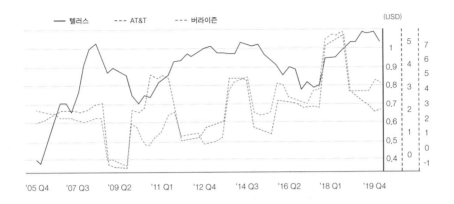

●── 텔러스, 버라이즌, AT&T 주당 순이익 추이

후 1998년 브리티시 컬럼비아 주의 비씨 텔BC Tel과 합병 방침이 발표되었고 합병이 완료된 1999년 브리티시 컬럼비아의 밴쿠버로 본사를 옮기고 현재의 회사명인 텔러스Telus Corporation로 사명을 바꾸었다.

대부분의 통신주가 그렇듯 성장성보다는 안정성이 텔러스의 가장 중요한 투자 포인트다. 절대적인 규모는 미국의 버라이즌Verizon Communications(VZ)과 AT&T(T)에 비해서 작지만, 이익의 안정성은 위의 그래프로 알 수 있듯 훨씬 더 뛰어나다.

2020년 기준으로 80%의 배당성향을 기록하고 있고, 배당수익률은 연 4.69% 수준이며, 최근 10년간 연평균 배당인상률은 34.2%, 최근 3년간 연평균 배당인상률은 21.73%이다.

● 텔러스 주가, 분기별 이익 및 전망 추이

자료 : zacks.com

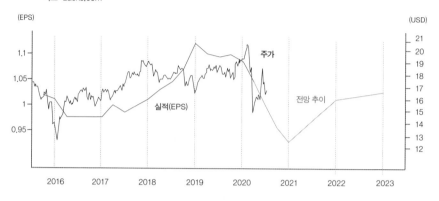

● 텔러스 연간 이익 (단위 : 십억 달러)

자료 : quotes.wsj.com

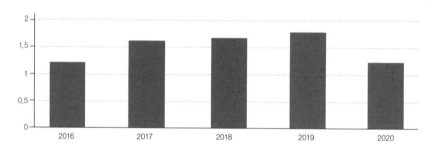

● 텔러스 매출 추이

자료 : quotes.wsj.com

구분	2020	5년간 트렌드
순이익 성장 Net Income Growth	-30.87%	
매출액 Sales or Revenue	15.34B	
매출액 성장 Sales or Revenue Growth	+5.15%	
EBITDA	+5.64B	

아메리칸 타워 리츠

12

American Tower REIT
심볼 AMT (미국 : 뉴욕증권거래소)

아메리칸 타워는 미국을 기반으로 한 세계 최대의 통신 인프라 리츠REITs(부동산투자신탁) 기업이다. 주요 글로벌 통신사들에게 전파 설비 설치를 위한 통신타워를 임대해주고, 임대료를 받는 방식으로 사업을 운영한다. 연평균 1800~3000개의 통신 타워를 신규 개발하고 있으며 또한 글로벌 주요 통신사들로부터 연간 2~3만 개의 통신 타워를 인수하며 임대 자산을 늘려가고 있다. 전체 매출의 약 절반이 미국에서 발생하고 있으며 남미·아시아·유럽에서 각각 20%가, 유럽 등 기타 지역에서 약 10%가 발생한다.

일반적인 부동산 리츠 업체는 임차인에게서 받는 임차료에 절대적으로 수익을 의존하기 때문에 글로벌 혹은 특정 국가의 경기 상황에 크게 의존하는 경향이 있다. 이에 비해 아메리칸 타워는 통신 장비를 설치할 수 있는 공간을 빌려주고 임대료를 받는 사업 구조이기 때문에 임차인의 수, 설치되는 통신 장비의 부피, 무게 등이 증가함에 따라 셀 타워당 수익성 확대가 가능하다는 장점이

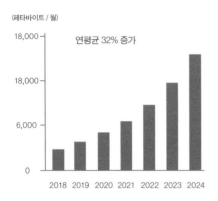

●── 미국 총 모바일 데이터 트래픽 예상 추이

(페타바이트 / 월)

연평균 32% 증가

18,000 ─
18,000 ─
6,000 ─
0 ─
2018 2019 2020 2021 2022 2023 2024

있다.

또한 5G 시대의 폭발적인 데이터 트래픽의 증가로 셀 타워당 수익성 확대도 기대된다. 사물인터넷IoT이 활성화되며 가전제품, 자동차 등 5G 연결을 필요로 하는 기기 수가 증가할 것이고, 동영상과 게임 등 모바일 이용 확대로 기기당 데이터 사용량도 큰 폭 성장할 것으로 예상된다. 시스코Cisco(CSCO), 에릭슨Ericsson, AV&Co 등 자료에 따르면 2024년까지 미국 모바일 데이터 트래픽은 연평균 32%의 높은 성장률을 보일 것으로 전망되는데,이것도 아메리칸 타워의 놓칠 수 없는 투자 포인트다.

여기에 더하여 미국 리츠업계 대표주자인 아메리칸 타워의 최대 매력은 역시 배당의 성장성에 있다. 8년째 배당금을 인상 지급하고 있으며, 배당수익률은 1.66%에 연 배당금은 4.3달러 수준이다.

●── 아메리칸 타워 주가, 분기별 이익 및 전망 추이

자료 : zacks.com

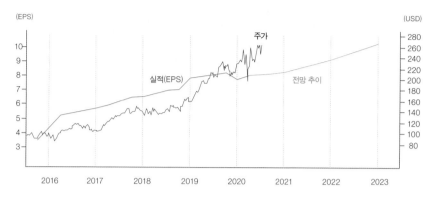

●── 아메리칸 타워 연간 이익 (단위 : 십억 달러)

자료 : quotes.wsj.com

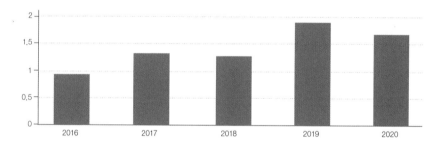

●── 아메리칸 타워 매출 추이

자료 : quotes.wsj.com

구분	2020	5년간 트렌드
매출액 Sales or Revenue	8.04B	■■■■■
총 투자 수익 Total Investment Income	-	-
매매계정 수익 Trading Account Income	-	-
총 지출 Total Expense	4.93B	■■■■■

잘나가는 인터넷 기업은
다 모았다

(13)

First Trust Dow Jones Internet Index Fund
심볼 FDN (미국 : 뉴욕증권거래소)

퍼스트 트러스트 다우존스 인터넷 인덱스펀드, 즉 FDN은 인터넷을 기반으로 하는 미국 40여 개 기업으로 구성되어 있다. 한 마디로 다우존스 인터넷 인덱스를 추종하는 ETF로, 운용사는 퍼스트 트러스트First Trust다.

보유 국가는 미국이 100%로, 보유 기업을 살펴보면 대부분이 초보 투자자들에게도 익숙한 기업이다. 아마존AMZN, 페이스북FB, 알파벳GOOGL, 페이팔PYPL, 넷플릭스NFLX 등 대표적인 인터넷 기반 기업들이 총망라되어 있다. 그밖에 세일즈포스닷컴CRM, 옥타OKTA, 이베이EBAY 등이 포함되어 있는데 1~5위 기업이 전체 비중의 33.7%를 차지할 정도로 압도적인 비중을 차지한다. 참고로 세일즈포스닷컴은 고객 관계 관리, 즉 CRM 분야 최고 기업이며 옥타는 보안 인증 분야의 대표 기업이다.

대표적인 IT 기업 중 오프라인과 온라인을 모두 기반으로 하고 있는 애플과 마이크로소프트가 포트폴리오에 포함되어 있지 않은 것이 특징이다.

2020년 코로나19 시대를 겪으면서 인터넷을 기반으로 한 소위 언택트untact 문화가 새로운 패러다임으로 바뀌고 있는 시점에서 더욱 주목할 만한 ETF다. 애플과 마이크로소프트를 이미 갖고 있는 투자자가 IT 비중을 늘리고 싶은 경우, 관심을 가질 만하다.

● ── FDN ETF의 1년간 수익률 추이

자료 : etf.com

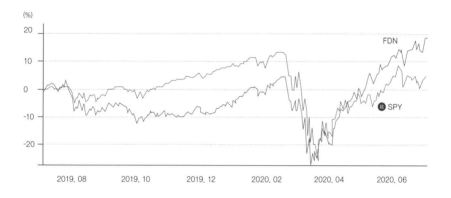

● ── 주요 기업별 보유비중 (2020년 7월 기준)

자료 : etf.com

기업	비중(%)	기업	비중(%)
아마존	10.01	시스코 시스템즈	4.64
페이스북	6.82	알파벳 (클래스 A)	4.19
페이팔	5.18	알파벳 (클래스 C)	4.07
넷플릭스	5.17	이베이	3.04
세일즈포스닷컴	4.65	비바 시스템즈	2.86

비싼 초대형주 110여 개를
한 번에 담는 방법

(14)

Vanguard Mega Cap Growth ETF
심볼 MGK (미국 : 뉴욕증권거래소)

뱅가드 자산의 대표적인 초대형 성장주 기업 ETF가 바로 뱅가드 메가 캡 그로스 ETF, 즉 MGK다.

증권업계에서는 시가총액을 기준으로 소형주, 중형주, 대형주로 나누는 것이 관례이다. 영어로는 스몰 캡small cap, 미들 캡middle cap, 라지 캡large cap이라고 하는데, 이것은 대한민국의 경우도 마찬가지다.

그런데 뱅가드는 여기에 한 가지 레벨을 더 부여했다. 바로 초대형 기업 집단을 구성한 것이다. 초대형 기업군을 영어로 표현한 것이 바로 메가 캡mega cap이다. 그리고 성장을 뜻하는 그로스growth가 덧붙혀졌다.

여기서 유의할 필요가 있다. 바로 '성장의 기준이 무엇인가'라는 의문점이다. 국내 주식에 익숙한 투자자라면 성장주에 관한 이야기를 무수히 들었을 것이다. 국내에서는 '성장주가 곧 테마주'라고 이해하는 경우가 대부분이다. 5G, 전기차, 수소차, 환경, 대북에서 코로나19까지 수많은 테마가 언급될 때면 늘상

'성장성이 뛰어나다'는 수식어가 붙는다. 정부 당국에서 다양한 정책과 청사진을 발표할 때도 '성장'이라는 단어가 쓰인다. 그렇지만 미국이나 선진국에서 성장을 이야기할 때 그런 것들은 의미가 없다.

미국 주식시장에서 성장을 논하려면 과거와 현재는 물론 미래까지의 매출, 이익 등에 대한 분명한 기준이 있어야 한다. 미래에 대한 12개월 혹은 3~5년까지의 월가 전문가들의 객관적 전망치가 있어야 성장주로 편입되고 인정된다. 같은 맥락에서 뱅가드 또한 명확한 기준을 밝히고 있다. 예를 들어 과거 3년 동안의 주당이익의 증가율이나 향후 3년간의 매출 증가율 등 구체적인 수치가 있는 기업들만 포함되며, 대략 110여 개 기업으로 구성되어 있다.

보유 국가는 미국이 100%다. 구성을 살펴보면 마이크로소프트MSFT, 애플AAPL, 아마존AMZN, 페이스북FB, 알파벳GOOGL, 비자V, 마스터카드MA, 홈디포HD, 엔비디아NVDA, 컴캐스트CMCSA, 넷플릭스NFLX, 페이팔PYPL, 맥도널드MCD 등이 보인다.

다시 한번 강조하지만 테마성 주식이 이나라 실적의 성장성이 뚜렷했고 향후 전망도 뚜렷한 기업이 포함되어 있다는 점에 주목해야 한다. 처음 미국 주식을 시작한다면 당연히 아마존, 구글(알파벳), 애플 같은 주식들이 먼저 떠오를 테지만, 막상 사려고 하면 높은 가격대로 인해 매수가 망설여지기 쉽다. 특히 사회 초년생들이라면 1000~2000 달러를 넘기는 주식의 경우 1주를 사기도 부담스러운 것이 사실이다. MGK는 그에 대한 대안이 될 수 있다. 200달러 미만의 가격대로 대표 성장주 110여 개에 한 번에 투자할 수 있으므로 매력적인 ETF임에 틀림없다.

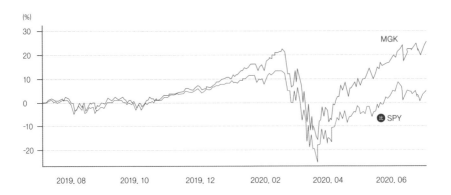

● MGK ETF의 1년간 수익률 추이

자료 : etf.com

● 주요 기업별 보유비중 (2020년 7월 기준)

자료 : etf.com

기업	비중(%)	기업	비중(%)
마이크로 소프트	11.55	알파벳 (클래스 C)	3.45
애플	10.50	비자	2.76
아마존	8.50	홈디포	2.24
페이스북	4.47	마스터카드	2.23
알파벳 (클래스 A)	3.54	엔비디아	1.70

사물인터넷 시대
5G 네트워크에 투자하는 법

Defiance 5G Next Gen Connectivity ETF
심볼 FIVG (미국 : 뉴욕증권거래소)

5G 네트워크 관련 기업에 투자하는 ETF로, 파괴적 혁신 기술을 가진 기업에 대한 투자를 전문으로 하는 디파이언스 ETF에서 운용한다. 회사 자체가 차세대 기술을 선호하는 투자자들을 타깃으로 탄생한 운용사다.

앞서 사물인터넷이 생활 구석구석에 자리 잡는 추세에 따라 5G의 쓰임이 더욱 확대되리란 전망을 전한 바 있다. 여기서 5G 시대의 성장성에 대한 기대감은 새삼스럽게 논할 필요가 없을 것 같으므로 디파이언스 5G 넥스트 젠 커넥티비티 ETF, 즉 FIVG ETF의 구성에 대해서만 소개하겠다.

포트폴리오 구성을 보면 네 가지 부문의 70여 개 기업이 편입되어 있다.

첫 번째는 핵심 무선 통신망과 위성 운용 기술로, 이들 기술을 가진 기업들이 포함되는데 전체 포트폴리오의 50%가 여기에 해당된다. 두 번째는 이동통신 타워와 데이터센터 리츠, 모바일 네트워크 운용사 등이며 25%가 해당된다. 세 번째는 서비스 네트워크 테스트, 브로드밴드 최적화 기업으로 15%가 해당

된다. 마지막 10%는 모바일 광대역 모뎀과 광통신 분야의 기업들로 구성되어 있다.

노키아, 아날로그 디바이스Analog Devices(ADI), 퀄컴QUALCOMM(QCOM), 에릭슨Telefonaktiebolaget LM Ericsson, NXP, 자일링스Xilinx(XLNX), 마벨 테크놀로지 Marvell Technology(MRVL) 등 미국을 비롯한 전 세계 관련 대표 기업이 포함돼 있다. 관심 종목으로 소개했던 아메리칸 타워AMT도 이 ETF의 포트폴리오에 당당하게 들어있음을 알 수 있다.

● ── FIVG ETF의 1년간 수익률 추이

자료 : etf.com

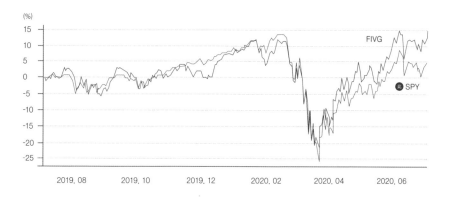

● ── 주요 기업별 보유비중 (2020년 7월 기준)

자료 : etf.com

국가	비중(%)	국가	비중(%)
미국	83.46	캐나다	1.11
핀란드	5.21	대한민국	0.98
스웨덴	4.67	프랑스	0.91
홍콩	1.64	중국	0.65
영국	1.36	스위스	0.00

기업	비중(%)	기업	비중(%)
퀄컴	5.29	노키아	3.21
NXP	5.10	아메리칸 타워	3.02
아날로그 디바이스	4.91	키사이트 테크놀로지	2.92
에릭슨	4.46	아카마이 테크놀로지	2.91
자일링스	3.59	버라이즌	2.84

레이 달리오의 투자법을
ETF로 만난다

16

Risk Parity ETF
심볼 RPAR (미국 : 뉴욕증권거래소)

2019년 12월에 상장된 새내기로, 토로소 인베스트먼트Toroso Investments라는 다소 생소한 자산운용사에서 야심차게 출시한 ETF다. 이 ETF에 대해 설명하기 위해서는 레이 달리오에 관한 이야기가 필수다.

레이 달리오Raymond Dalio는 주식에 대한 관심을 가지고 공부해온 독자라면 아주 익숙한 인물이다. 현 브리지워터 어소시에이츠 회장 겸 CEO로 21세기 글로벌 금융시장을 선도하는 인물 중 한 명으로 손꼽히는 대표적인 헤지펀드 운용자다. 그리고 그의 투자 전략을 설명할 때 항상 따라다니는 말이 바로 올웨더All-weather와 리스크 패리티Risk Parity라는 개념이다. 포트폴리오의 위험 노출을 균형 있게 조정함으로써 어떤 환경에서도 흔들리지 않는 안정적인 투자 수익이라는 꿈에 도전하는 것이다.

쉽게 말하자면 균형감을 유지한다는 것이지만, 개인 투자자가 최적화된 포트폴리오를 만들어서 위험에 대응하기란 현실적으로 어려운 일이다. 이제껏 수많은 연구와 토론이 있었지만 레이 달리오의 투자원칙을 공부하고 현실화하는 것은 실제로 불가능하다. 그래서 누구나 레이 달리오식 투자 철학을 따라할 수 있도록 디자인하고 운용하고자 하는 계획으로 만들어진 ETF가 바로 리스크 패리티 ETF, 즉 RPAR이다.

자산 운용은 크게 네 가지로 구성되어 있다. 글로벌 주식, 미국 채권, 상품 그리고 미국 물가연동 채권TIPS이 그것이다.

2020년 6월 현재 기준으로 50%는 저위험 자산(35%는 장기 TIPS이며 나머지 15%는 미국 채권), 나머지는 주식과 상품으로 편성되어 있다. 주식의 경우 미국, 선진국, 이머징마켓 주식이 모두 포함되는 구조다.

상품이 론칭된 지 얼마 되지 않아 아직 성과를 측정하기에는 무리가 있는 것이 사실이다. 그러나 빠른 시일 내 운용자산을 늘리고 있을 정도로 월가의 관심을 받고 있기에 소개한다. 아래의 주가 추이 그래프를 보면 2020년 이후의 극심한 변동성에서 보여준 RPAR의 성과를 확인할 수 있을 것이다. SPY 대비 우수한 성적을 물론이고 하락기에도 상대적으로 선방하였다.

● — **RPAR ETF의 1년간 수익률 추이**

자료 : etf.com

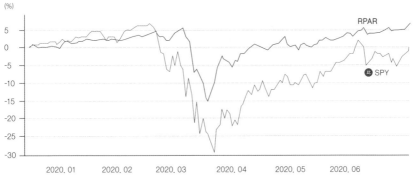

초보 투자자에게 추천하는 안전한 포트폴리오

17

iShares Core Growth Allocation ETF
심볼 AOR (미국 : 뉴욕증권거래소)

초보 투자자들 대부분이 많이 오를 것 같은 주식 한두 개를 잘 선택하면 크게 벌 수 있으리라 생각한다. 그러면서 싸게 잘 샀다가 가격이 오르면 재빨리 팔

●── 코어인원 시리즈의 ETF별 구성

자료 : blackrock.com

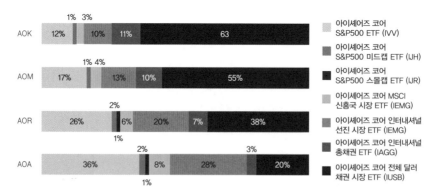

고, 또 다시 주가가 하락하면 다시 사는 꿈을 꾸기 마련이다. 그렇지만 현실은 냉엄하다. 생각보다 종목을 선택하기도, 매매 타이밍을 잡기도 어렵다.

초보자의 행운이라고 할까? 처음에는 소 뒷걸음질 치다 개구리 잡는 격으로 잘될 수 있지만, 알면 알수록 어렵기란 인생살이나 주식 투자나 마찬가지다. 초보 티를 벗어날 때쯤 되면 자연스럽게 포트폴리오를 잘 만드는 데 관심이 생기고 이런저런 시도도 해보게 된다.

그렇지만 도대체 어떤 기준으로 어떤 주식을 어떻게 사고팔아야 할지, 경험할수록 고난의 연속이다. 그런 투자자들을 위해 블랙록 자산운용은 다양한 ETF를 활용해 디자인한 포트폴리오 ETF 시리즈를 운용하고 있다. 위험에 대한 인지도와 기대 수익에 대한 투자자의 선호도에 맞추어 7~8개의 ETF를 다양한 비중으로 구성해서 제공하는 것이다. 증권업계에서는 이런 ETF 운용방식을 '펀드 오브 펀드'라고 부르기도 한다(266페이지에 펀드 오브 펀드들의 리스트를 실었으니 참고하길 바란다).

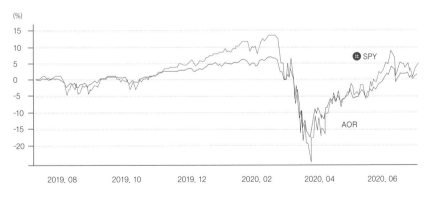

●── AOR ETF의 1년간 수익률 추이
자료 : etf.com

블랙록의 ETF 시리즈는 코어인원Core in ONE이라는 브랜드로 운용되는데 주식과 채권의 비중에 따라 AOK, AOM, AOR, AOA ETF로 나뉜다.

이번에 소개하는 것은 그중에서도 AOR로 주식 60%, 채권 40%로 편성되어 있다. 주식에는 미국(대형주, 중형주, 소형주)과 선진국, 이머징마켓이 들어간다. 채권에도 역시 미국채권과 해외채권이 포함되어 있다. 월가에서 가장 안정적인 포트폴리오 구성이라고 제안하는 무난한 비율이다.

본인의 선호도에 따라 ETF는 물론 선택이 가능하다. 참고로 AOK는 주식과 채권이 각각 30%와 70%다. 리스크에 대한 노출을 줄이고 싶은 분이나 장년, 노년층에 어울린다고 할 수 있다. AOM은 주식과 채권이 각각 40%와 60%다. AOA는 주식과 채권이 80%와 20%다. 리스크를 늘리더라도 상대적으로 높은 수익을 기대하는 분이나 상대적으로 경제활동이 왕성한 분들에게 어울린다.

언택트 시대에 각광받는
e커머스의 집합체

Global X E-commerce ETF
심볼 EBIZ (미국 : 나스닥)

테마 ETF로 유명한 미래에셋의 글로벌 X에서 운용하는 ETF로, e비즈니스 기반으로 사업을 영위하는 전 세계 기업들에 투자한다. 아마존AMZN 같은 온라인 유통업체는 물론이고, 쇼피파이SHOP 같이 유통을 위한 플랫폼을 제공하는 기업과 유관 기업들로 구성되어 있다.

요즘같은 시기에 온라인 쇼핑을 안 하는 사람이 어디 있느냐고 반문할지도 모르겠다. 그러나 2020년 1분기에만 중남미에서 처음으로 온라인 쇼핑을 경험한 비자카드 사용자가 1,300만 명에 이를 정도로, e커머스 분야의 성장성은 유효하다.

포트폴리오를 살펴보면 알리바바Alibaba, 제이디닷컴JD.com처럼 잘 알려진 중국 온라인 쇼핑 기업은 물론이고, 중남미 지역의 아마존이라 불리는 메르카도리브레MercadoLibre(MELI), 아프리카의 아마존이라고 불리는 주미아Jumia(JMIA)도 포함되어 있다. 참고로 나이지리아의 전자상거래 플랫폼인 주미

아는 아프리카 스타트업으로는 최초로 뉴욕증권거래소에 상장된 회사이다. 일반 온라인 쇼핑만이 아니다. 부킹홀딩스Booking Holdings Inc.(BKNG), 익스피디아Expedia(EXPE) 등 온라인 여행사도 있고, 쇼피파이와 우리나라의 '카페24'도 포함되어 있다.

　지역별로는 미국이 절반 가까이를 차지하고 있고, 중국 기업이 24% 수준이다. 그밖에 일본, 영국, 캐나다, 독일, 한국, 대만 기업 등 다양한 국가의 40여 개 기업들로 구성되어 있다.

● ── EBIZ ETF의 1년간 수익률 추이

자료 : etf.com

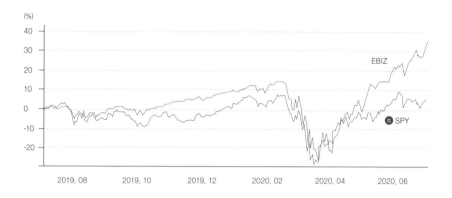

● ── 주요 기업별 보유비중 (2020년 7월 기준)

자료 : etf.com

국가	비중(%)
미국	48.67
중국	24.24
일본	8.68
영국	7.97
캐나다	4.19

국가	비중(%)
아르헨티나	3.95
독일	1.70
대한민국	0.30
대만	0.29

기업	비중(%)
쇼피파이	7.44
엣시	7.15
웨이페어	7.05
이베이	5.23
아마존	5.22

기업	비중(%)
메르카도리브레	5.02
제이디닷컴	4.97
오카도 그룹	4.86
VIP숍 홀딩스	4.51
넷이즈	4.13

점점 더 영향력이 확대되는 '착한 투자'

19

iShares ESG MSCI U.S.A. ETF
심볼 ESGU (미국 : 나스닥)

2020년 들어 미국의 월가, 특히 자산운용 시장에서 가장 큰 화두는 바로 EGS 이다. ESG란 환경E, Environment, 사회S, Social, 지배구조G, Governance를 의미한다. 월가에서 EGS를 중시하는 투자 철학이 확산되고 있는 것은, 다시 말해 정직하고 착한 기업에 투자하는 경향이 커지고 있다는 뜻과 같다.

이는 코피 아난 전 유엔 사무총장의 주도 하에 유엔환경계획 금융이니셔티브UNEP Initiative(UNEP/FI)와 선진 금융기관, 그리고 다양한 전문가 그룹이 참여해 2006년 4월 27일, 뉴욕 증권거래소에서 사회 책임 투자와 관련해 매우 중요한 여섯 가지 원칙을 발표한 데서 유래했다. 참고로 PRI란 '책임 투자 원칙 Principles for Responsible Investment'의 약어다.

UN PRI 6개 원칙

❶ 우리는 ESG 이슈들을 투자의사 결정 시 적극적으로 반영한다.

❷ 우리는 투자 철학 및 운용 원칙에 ESG 이슈를 통합하는 적극적인 투자가가 된다.

❸ 우리는 투자 대상에게 ESG 이슈들의 정보 공개를 요구한다.

❹ 우리는 금융 산업의 PRI 준수와 이행을 위해 노력한다.

❺ 우리는 금융 산업의 PRI 이행에 있어서 그 효과를 증진시킬 수 있도록 상호협력한다.

❻ 우리는 PRI 이행에 대한 세부활동과 진행상황을 외부에 보고한다.

최근 들어 ESG 펀드에 관심이 더 커지고 있는 이유는 밀레니얼 투자자들이 늘어났기 때문이다. 밀레니얼들은 비즈니스를 할 때는 물론, 투자를 결정할 때에도 사회적 책임, 지배구조, 환경에 대한 관심을 최우선시하는 경향이 뚜렷하다. 이에 따라 ESG를 투자 판단의 기준으로 삼는 관련 자산 규모 또한 커지고 있다. 특히 2020년 초, 블랙록의 래리 핑크 회장이 앞으로 모든 자산운용에서 EGS를 주요 평가 기준으로 삼겠다고 밝힌 데 이어 뱅가드와 스테이트스트리트 등 2, 3위 자산운용사들도 여기에 동조했다.

래리 핑크 회장은 향후 2~3년 이내에 300여 개의 ESG를 앞세운 투자 펀드를 출시하겠다고 공언한 바 있다. 이런 경향과 관련된 ETF 중 규모가 빠른 속도로 커지고 있고, 대표성이 있는 ETF가 바로 ESGUiShares ESG MSCI U.S.A. ETF이다.

탄소 배출, 과다한 물 사용, 독극물 금지는 당연한 이슈이고 경영진의 사기, 범죄, 노동력 착취 등 반사회적 이슈도 모두 걸러진다. 전쟁에 사용되는 각종 무기를 비롯한 방위산업체도 마이너스 요인이며 생화학무기나 지뢰 등은 특히 이슈가 된다. 담배나 대마초 기업도 배제 대상이다. 그런가 하면 신재생에너지 사용 기업에 대해서는 우대 점수가 부여된다.

S&P500에 속하는 대기업들이 각종 IR을 통해 ESG 중시 경영을 잇따라 선포하고 있다. 이는 앞으로 ESG 기준에 못 미칠 경우 자산운용사의 투자 대상에서 배제될 가능성이 커지고, 당연히 주가에도 마이너스 요인이 될 수 있기 때문이다.

당장 ESGU의 투자 성과가 S&P500 대비 뛰어날지 판단하기란 쉽지 않다. 그러나 월가에서는 ESG의 기준에 따른 투자가 결국은 벤치마크의 구성 및 운영에도 궁극적으로 큰 영향을 미칠 것이라는 분석이 많다. 따라서 S&P500을 구성하는 500개 기업이 아니라, 착한 경영을 실천하는 350여 개 기업에만 투자하는 ESGU에 대한 관심이 필요한 시점이다.

● ── ESGU ETF의 1년간 수익률 추이

자료 : etf.com

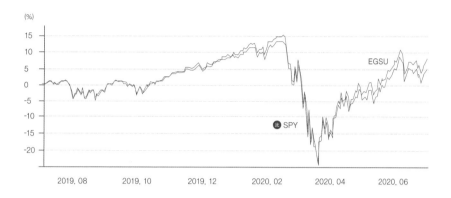

● ── 주요 기업별 보유비중 (2020년 7월 기준)

자료 : etf.com

기업	비중(%)	기업	비중(%)
애플	5.82	알파벳 (클래스 A)	1.45
마이크로소프트	5.59	존슨 앤 존슨	1.36
아마존	4.57	비자	1.19
페이스북	2.00	프록터 앤드 갬블	1.12
알파벳 (클래스 C)	1.87	홈디포	1.10

전 세계 ETF를 한 권에!
ETF 백과사전

ETF 투자
가이드 &
주요 테마별 ETF

ETF
투자 가이드

01

ETF, ETN, ETP에 대한 이해와
매매하는 법

ETFExchange Traded Fund는 '상장지수펀드'라고 불리며 지수 펀드를 주식의 형태로 만든 후 증권거래소에 상장시켜 거래소에서 거래되는 개방형 펀드다. 주요 주가 지수(S&P500 지수), 업종별 지수(반도체 지수), 상품 지수(금, 은, 원자재) 등과 연동되어 움직이는 펀드로, 쉽게 말하면 거래소에서 거래되는 펀드다.

ETF의 특징

❶ 기초자산NAV을 보유하고 있다.
❷ ETF를 기초자산으로 교환할 수 있다.
❸ 교환을 통해 기초자산의 가격을 추적하게 되기 때문에 기초자산과의 괴리율이 발생할 수 있다.

❹ 일반 펀드와는 달리 거래소에서 일반 주식처럼 거래가 되기 때문에 주식 계좌를 통하여 매매가 가능하다.

❺ 일반 펀드와는 달리 주식 매매 수수료가 적용된다.

❻ 소액의 투자로 ETF가 연동하는 지수에 속해 있는 모든 종목에 투자하는 효과가 있다.

❼ 일반 펀드는 일반적으로 그 날 종가 또는 다음날 종가로 환매가 되나 ETF 는 실시간으로 매매할 수 있으며, 언제든지 시장가로 사고팔 수 있다.

ETF의 장점

❶ 저렴한 수수료: 일반 펀드와 같이 중도 해지로 인한 환매 수수료나 판매, 수탁, 운용 등의 수수료가 없고 일반 주식처럼 주식거래 수수료만 있다.

❷ 분산투자: ETF는 대상 주가지수에 포함된 종목 대부분에 투자하는 펀드를 세분화한 것이기 때문에 1주만 매입해도 분산투자 효과가 있다. ETF의 종류에 따라 미국 시장을 통해서 전 세계 시장에 투자할 수 있다.

❸ 실시간 매매: 거래소에서 실시간으로 거래되므로, 즉시 사고팔 수 있고 매매 체결 및 결제 방법 역시 일반 주식과 동일하다.

❹ 손쉬운 투자 판단: ETF는 개별 종목이 아닌 국가 지수나 상품 지수 등에 투자하는 것이므로 일반 투자자가 쉽게 접할 수 있는 뉴스로도 투자 판단이 가능하다. 주식 바스켓 내역과 순자산 가치를 매일 공표하기 때문에 투명성이 높다.

❺ 언제나 수익 창출 가능: ETF의 종류에 따라 시장의 방향(하락장/상승장)과

●── 미국의 TOP 10 ETF운용사

자료 : seekingalpha.com/

순위	회사	국가	운용자산 (십억 달러)
1	BlackRock	미국	6,288
2	The Vanguard Group	미국	5,100
3	Charles Schwab Corporation	미국	3,360
4	UBS	스위스	3,101
5	State Street Global Advisors	미국	2,800
6	Fidelity Investments	미국	2,488
7	Alianz	독일	2,268
8	J.P. Morgan Asset Management	미국	1,900
9	BNY Mellon Investment Management	미국	1,800
10	PIMCO	미국	1,690

상관없이 수익을 낼 수 있다.

❻ 매니징 리스크Managing Risk: 일반 펀드와는 다르게 펀드 매니저들의 운영방식에 따른 리스크가 없다.

ETF의 단점

❶ 잦은 매매 유도: 손쉽게 매매가 가능하므로 시장의 흐름에 따라 잦은 매매를 할 경우 장기 투자가 힘들어질 수 있다.

종류	개수	비율(%)	운용자산 (십억 달러)	비율(%)
ETF	1,889	78.5	3,894.9	96.0
ETN	207	8.7	12.9	0.3
레버리지와 인버스 ETF	170	7.2	40.2	1.0
옵션 베이스 ETF	59	2.5	5.9	0.1
ETC	50	2.1	104.0	2.6
ETP 전체	2,375		4,057.9	

❷ 경영 참여 불가: ETF 투자자들은 ETF에 속해 있는 주식의 주주로서 권리를 행사할 수 없다.

ETN(Exchange Traded Note, 상장지수채권)의 특징

❶ 운용사에서 추종하는 지수를 보증해준다.

❷ 만기일이 있으며, 만기일에 운용사에서 지수 수익률을 보장하고 지급해준다.

❸ 운용사의 신용 위험이 존재한다.

❹ 운용사의 보증으로 인해 ETF보다 괴리율이 낮다. 단, 운용사의 신용에 문제가 생길 경우 지수와 상관없이 괴리율이 생길 수 있다.

ETP란?

상장지수상품Exchange Traded Product이라고 불리며, ETF와 ETN을 합친 것이다. 미국에 상장된 ETF와 ETN 시장 규모는 4800조 원으로, 전체 글로벌 ETF 시장 규모인 7000조 원 시장의 70% 가까이를 차지할 정도로 성장했다 (2015년 기준). ETF 수는 1900여 개이며 ETN 수는 200여 개다.

ETF의 분류

❶ 국가/지역별: 선진국, 이머징, 아시아, 중국, 북미 등

❷ 상품별: 원유, 천연가스, 금, 은, 농산물, 구리 등

❸ 전략별: 레버리지, 인버스

❹ 스타일별: 대형주, 중형주, 소형주, 배당주 등

❺ 섹터별: 소비재, 에너지, 금융, 헬스케어, 유틸리티 등

❻ 채권별: 국채, 정부채, 지방채, 회사채 등

❼ 기타: 통화, 금리, 환경 등

ETF 매매하는 법

다음 차트 예시는 나스닥 100 지수를 추종하는 ETF인 QQQ의 매수·매도 신호를 발생시켜 매매하는 방법이다. 흔히 알고 있는 스톡캐스틱과 파라볼릭이

라는 간단한 기술적 지표를 적용시킨 것인데, ETF의 특성상 철저하게 기술적 분석을 바탕으로 투자하면 제법 놀라운 성과를 낼 수 있다.

특히 상품 ETF는 그 흐름을 예상하기 어려워 단순한 추측으로 매매할 경우 투자 실패로 이어지는 경우가 많은데, 아무것이든 상관없으니 본인에게 맞는 기술적 지표를 적용시켜 보면 그 답이 보일 것이다.

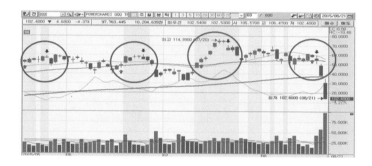

강세 ETF만 따로 보여주는 사이트도 도움이 된다. Barchart.com에서는 아래 그림처럼 매일 매수신호가 발생한 ETF를 추려서 보여주기 때문에 ETF 발굴이 가능하다.

Symbol	Name	Last	Change	%Chg	Opinion	Previous	Last Week	Last Month	Links
DGP	DB Gold 2X ETN Powershares	49.45	+1.47	+3.06%	100% Buy	100% Buy	100% Buy	72% Buy	
CLIX	Proshares Long Online/Short Stores ETF	84.28	+2.64	+3.23%	100% Buy	100% Buy	100% Buy	72% Buy	
FDNI	FT DJ International Internet ETF	37.73	+0.61	+1.65%	100% Buy	100% Buy	100% Buy	100% Buy	
CHIH	G-X MSCI China Health Care ETF	24.95	+0.31	+1.26%	100% Buy	100% Buy	100% Buy	100% Buy	
CWEB	CSI China Internet Idx Bull 2X Direxion	53.53	+2.18	+4.25%	100% Buy	100% Buy	100% Buy	72% Buy	
EMQQ	Emrg Mkts Internet and Ecommerce Etc	52.41	+0.84	+1.63%	100% Buy	100% Buy	100% Buy	100% Buy	
XURE	KS MSCI All China Health Care Index ETF	33.88	+0.60	+1.80%	100% Buy	100% Buy	100% Buy	100% Buy	
KWEB	KS Trust KS CSI China Internet ETF	70.62	+1.48	+2.14%	100% Buy	100% Buy	100% Buy	100% Buy	
CXSE	Wisdomtree China Ex-Cso Fund	109.06	+1.09	+1.01%	100% Buy	100% Buy	100% Buy	100% Buy	
ARKW	Ark Web X.0 ETF	96.65	+0.86	+0.90%	100% Buy	100% Buy	100% Buy	100% Buy	
CNXT	Chinaamc Sme-Chn Vaneck ETF	41.71	+0.84	+2.06%	100% Buy	100% Buy	100% Buy	88% Buy	
ESPO	Vaneck Vectors Video Gaming and Esports ETF	56.08	+0.89	+1.61%	100% Buy	100% Buy	100% Buy	100% Buy	
OGIG	O'Shares Global Internet Giants ETF	41.93	+0.51	+1.23%	100% Buy	100% Buy	100% Buy	100% Buy	
ONLN	Proshares Online Retail ETF	58.77	+1.15	+2.00%	100% Buy	100% Buy	100% Buy	100% Buy	

미국 주식이 답이다

또한 ETF 맵MAP을 통해서도 수시로 강한 흐름을 보이는 ETF를 선별할수 있다. 아래의 그림은 finviz.com에서 제공하는 ETF 맵이다. 기간별로 흐름을 파악하는 사이트이므로 따로 매매 신호를 제공하지는 않지만, 시가총액별로 흐름을 파악하는 데 도움이 된다.

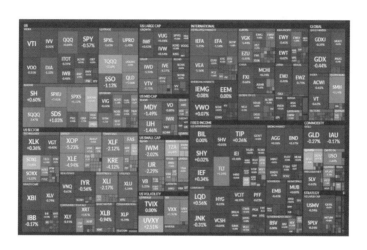

이어서 테마별로 분류한 ETF 리스트를 다음 페이지부터 수록했다. ETF는 개별 종목에 대한 리스크가 없고, 한 종목이 아닌 다양한 편입종목의 주가를 반영하므로 보수적이고 장기적인 투자자에게 맞는 상품이다. 하지만 역방향 1~3배, 정방향 1~3배짜리 ETF가 많이 출시되면서 시장이 하락하든 상승하든 양방향으로 몇 배의 수익을 올릴 수 있게 되어 투기적이고 변동성이 큰 상품으로 변모하고 있다. 레버리지 ETF는 가능한 한 매매에 신중을 기했으면 하는 바람이다.

미국 지수 관련 ETF

Dow Jones

DIA SPDR Dow Jones Industrial Average ETF 다우30 지수를 추종하는 ETF

DJD Guggenheim Dow Jones Industrial Average Dividend ETF 다우 지수 배당 ETF

▶ **역방향(다우 지수가 하락할 때 수익)**

DOG ProShares Short Dow30 Daily target: −1x (역방향 1배)

DXD ProShares UltraShort Dow 30 Daily target: −2x (역방향 2배)

SDOW ProShares UltraPro Short Dow 30 Fund Daily target: −3x (역방향 3배)

▶ **정방향(다우 지수가 상승할 때 수익)**

DDM ProShares Ultra Dow30 Daily target: 2x (정방향 2배)

UDOW ProShares UltraPro Dow 30 Fund Daily target: 3x (정방향 3배)

S&P500

▶ **S&P500 지수를 추종하는 ETF (운용사별)**

SPY SPDR S&P500 ETF

IVV iShares Core S&P500 ETF

VOO Vanguard S&P500 ETF

▶ **역방향(S&P500 지수가 하락할 때 수익)**

SH ProShares Short S&P500 ETF Daily Target: −1x (역방향 1배)

SDS ProShares UltraShort S&P500 Daily Target: −2x (역방향 2배)

SPXS Direxion Daily S&P500 Bear 3X Shares Daily Target: −3x (역방향 3배)

SPXU ProShares UltraPro Short S&P500 Daily Target: −3x (역방향 3배)

▶ 정방향(S&P500 지수가 상승할 때 수익)

SPUU Direxion Daily S&P500 Bull 2X Shares Daily Target: 2x (정방향 2배)

SSO ProShares Ultra S&P500 Daily Target: 2x (정방향 2배)

SPXL Direxion Daily S&P500 Bull 3x Shares Daily Target: 3x (정방향 3배)

UPRO ProShares UltraPro S&P500 Daily Target: 3x (정방향 3배)

▶ S&P500 고퀄리티 ETF

여기서 퀄리티는 품질을 뜻하는 것으로 높은 ROE, 낮은 부채비율, 꾸준한 성장세를 겸비했다는 뜻.

SPHQ PowerShares S&P500 High Quality ETF

▶ S&P500 고 베타 ETF

베타계수가 1인 종목의 주가는 주가지수와 거의 동일한 움직임을 보이고 1보다 큰 것은 시장수익률의 변동보다 더 민감하게 반응하는데, 이를 고 베타라고 칭한다. 반대로 저 베타는 1보다 낮은 변동성을 뜻한다. 보통 시장이 상승할 때는 고 베타, 하락할 때는 저 베타가 투자 전략에 적합하다.

SPHB PowerShares S&P500 High Beta Portfolio

▶ 특정 업종을 제외하고 S&P500 지수를 추종하는 ETF

SPXE ProShares S&P500 Ex-Energy ETF 에너지 업종을 제외한 S&P500 지수 추종

SPXN ProShares S&P500 Ex-Financials ETF 금융 업종을 제외한 S&P500 지수 추종

SPXT ProShares S&P500 Ex-Technology ETF 기술 업종을 제외한 S&P500 지수 추종

SPXV ProShares S&P500 Ex-Health Care ETF 헬스케어 업종을 제외한 S&P500 지수 추종

▶ 동일 비중 중심의 S&P500 지수를 추종하는 ETF

RSP Guggenheim S&P500 Equal Weight

▶ 자사주 매입을 지속하는 기업 중심의 S&P500 지수를 추종하는 ETF

SPYB SPDR S&P500 Buyback ETF

▶ 성장 기업 중심의 S&P500 지수를 추종하는 ETF (운용사별)

RPG Guggenheim S&P500 Pure Growth ETF

IVW iShares S&P500 Growth ETF

SPYG SPDR S&P500 Growth ETF

VOOG Vanguard S&P500 Growth ETF

▶ 모멘텀 기업 중심의 S&P500 지수를 추종하는 ETF

SPMO PowerShares S&P500 Momentum Portfolio

▶ 가치 기업 중심의 S&P500 지수를 추종하는 ETF

RPV Guggenheim S&P500 Pure Value ETF

IVE iShares S&P500 Value ETF

SPVU PowerShares S&P500 Value Portfolio

SPYV SPDR S&P500 Value ETF

VOOV Vanguard S&P500 Value ETF

▶ 배당 기업 중심의 S&P500 지수를 추종하는 ETF

SPHD PowerShares S&P500 High Dividend Portfolio   배당이 높은 기업 중심의 S&P500 지수 추종 (높은 배당수익률과 낮은 변동성의 종목 중심)

NOBL ProShares S&P500 Aristocrats ETF   배당귀족주 기업 중심의 S&P500 지수 추종 (25년간 배당금을 매년 인상한 기업을 배당귀족주라고 한다.)

SPYD SPDR S&P500 High Dividend ETF 높은 배당률을 보인 기업 중심의 S&P500 지수 추종

SDYL UBS ETRACS Monthly Pay 2x Leveraged S&P Dividend ETN (Dividend aristocrats and leverage) 배당귀족주 기업 중심의 S&P500 지수 추종 레버리지 ETF

S&P 400 (S&P Mid-Cap 400)

S&P 400은 미국 거래소에 상장된 400개의 중기업으로 구성된 지수로 S&P Mid-Cap 400이라고도 한다.

미국 주식이 답이다

▶ S&P 400 지수를 추종하는 ETF (운용사별)

IJH iShares Core S&P Mid-Cap ETF

MDY SPDR S&P MIDCAP 400 ETF

IVOO Vanguard S&P Mid-Cap 400 ETF

▶ 동일 비중 중심의 S&P 400 지수를 추종하는 ETF

EWMC Guggenheim S&P MidCap 400 Equal Weight ETF

▶ 성장 기업 중심의 S&P 400 지수를 추종하는 ETF (운용사별)

RFG Guggenheim S&P MidCap 400 Pure Growth ETF

IJK iShares S&P Mid-Cap 400 Growth ETF

MDYG SPDR S&P 400 Mid Cap Growth ETF

IVOG Vanguard S&P Mid-Cap 400 Growth ETF

▶ 가치 기업 중심의 S&P 400 지수를 추종하는 ETF

RFV Guggenheim S&P MidCap 400 Pure Value ETF

IJJ iShares S&P MidCap 400 Value Index Fund

MDYV SPDR S&P 400 Mid Cap Value ETF

IVOV Vanguard S&P Mid-Cap 400 Value ETF

▶ 정방향(S&P 400 지수가 상승할 때 수익)

MVV ProShares Ultra MidCap400 Daily Target: 2x (정방향 2배)

MIDU Direxion Daily Mid Cap Bull 3X Shares Daily Target: 3x (정방향 3배)

UMDD ProShares UltraPro Mid Cap 400 Fund Daily Target: 3x (정방향 3배)

▶ 역방향(S&P 400 지수가 하락할 때 수익)

MYY ProShares Short MidCap400 Daily Target: −1x (역방향 1배)

MZZ ProShares UltraShort MidCap400 Daily Target: −2x (역방향 2배)

MIDZ Direxion Daily Mid Cap Bear 3x Shares Daily Target: −3x (역방향 3배)

SMDD ProShares UltraPro Short Mid Cap 400 Fund Daily Target: −3x (역방향 3배)

S&P 600 (S&P SmallCap 600)

S&P 600은 소형주로 구성하는 지수로 금융, 기술, 산업 및 헬스케어 부문에 비중을 두고 있으며 다른 부문(소재, 에너지, 유틸리티 등)은 비중이 적다. 러셀 2000(Russell 2000)과 매우 유사한 지수이다.

▶ S&P 600 지수를 추종하는 ETF (운용사별)

IJR iShares Core S&P Small-Cap ETF

RWJ RevenueShares Small Cap Fund

SLY SPDR S&P 600 Small Cap ETF

VIOO Vanguard S&P Small-Cap 600 ETF

▶ 동일 비중 중심의 S&P 600 지수를 추종하는 ETF

EWSC Guggenheim S&P SmallCap 600 Equal Weight ETF

▶ 성장 기업 중심의 S&P 600 지수를 추종하는 ETF (운용사별)

RZG Guggenheim S&P SmallCap 600 Pure Growth ETF

IJT iShares S&P SmallCap 600 Growth ETF

SLYG SPDR S&P 600 Small Cap Growth ETF

VIOG Vanguard S&P Small-Cap 600 Growth ETF

▶ 가치 기업 중심의 S&P 600 지수를 추종하는 ETF

RZV Guggenheim S&P SmallCap 600 Pure Value ETF

IJS iShares S&P SmallCap 600 Value Index Fund

SLYV SPDR S&P 600 Small Cap Value ETF

VIOV Vanguard S&P Small-Cap 600 Value ETF

▶ 정방향(S&P 600 지수가 상승할 때 수익)

SAA ProShares Ultra S&P SmallCap 600 Daily Target: 2x (정방향 2배)

▶ 역방향(S&P 600 지수가 하락할 때 수익)

SBB ProShares Short SmallCap 600 Daily Target: −1x (역방향 1배)

SDD ProShares UltraShort SmallCap 600 Daily Target: −2x (역방향 2배)

NASDAQ 100

QQQ PowerShares QQQ Trust 나스닥 100 지수를 추종하는 ETF

ONEQ Fidelity Nasdaq Composite Index Tracking ETF 나스닥 종합지수 추종 ETF(나스닥 100 지수는 나스닥 종합지수에서 금융과 에너지가 제외된 지수이다.)

▶ 역방향(나스닥 100 지수가 하락할 때 수익)

PSQ ProShares Short QQQ Daily Target: −1x (역방향 1배)

QID ProShares UltraShort QQQ Daily Target: −2x (역방향 2배)

SQQQ ProShares UltraPro Short QQQ Fund Daily Target: −3x (역방향 3배)

▶ 정방향(나스닥 100 지수가 상승할 때 수익)

QLD ProShares Ultra QQQ Daily Target: 2x (정방향 2배)

TQQQ ProShares UltraPro QQQ Fund Daily Target: 3x (정방향 3배)

▶ 동일 비중 중심의 나스닥 100 지수를 추종하는 ETF

QQQE Direxion NASDAQ-100 Equal Weighted Index Shares

QQEW First Trust NASDAQ-100 Equal Weighted Index Fund

▶ 기술 업종을 제외한 나스닥 100 지수를 추종하는 ETF

QQXT First Trust NASDAQ-100 Ex-Technology Sector Index Fund

▶나스닥 100 지수 커버드콜 ETF

CBOE NASDAQ−100 BuyWrite 지수의 가격 및 수익률 성과에 일반적으로 부합하는 투자 결과를 제공하는 ETF

QYLD Recon Capital NASDAQ-100 Covered Call ETF

Russell 1000

러셀 1000은 약 1,000개의 미국 주요 기업(시가 총액 기준)으로 구성되어 있으며 미국 주식시장의 성과를 추적하도록 설계됐다. 러셀 1000에 포함된 대표적인 회사로는 애플, 엑슨모빌, 마이크로소프트, 존슨앤드 존슨, 웰스 파고, 프록터 앤드 갬블 등이 있다.

▶ 러셀 1000 지수를 추종하는 ETF (운용사별)

DEUS Deutsche X-trackers Russell 1000 Comprehensive Factor ETF

IWB iShares Russell 1000 ETF

ONEK SPDR Russell 1000 ETF

VONE Vanguard Russell 1000 ETF

▶ 동일 비중 중심의 러셀 1000 지수를 추종하는 ETF

EQAL PowerShares Russell 1000 Equal Weight ETF

USLB PowerShares Russell 1000 Low Beta Equal Weight Portfolio

▶ 성장 기업 중심의 러셀 1000 지수를 추종하는 ETF (운용사별)

IWF iShares Russell 1000 Growth ETF

SYG SPDR MFS Systematic Growth Equity ETF

VONG Vanguard Russell 1000 Growth ETF

▶ 모멘텀 기업 중심의 러셀 1000 지수를 추종하는 ETF

ONEO SPDR Russell 1000 Momentum Focus ETF

▶ 가치 기업 중심의 러셀 1000 지수를 추종하는 ETF(운용사별)

IWD iShares Russell 1000 Value ETF

SYV SPDR MFS Systematic Value Equity ETF

VONV Vanguard Russell 1000 Value ETF

▶ 저변동성 기업 중심의 러셀 1000 지수를 추종하는 ETF(운용사별)

LGLV SPDR Russell 1000 Low Volatility

미국 주식이 답이다

ONEV SPDR Russell 1000 Low Volatility Focus ETF

Russell 2000

러셀 2000은 소형주를 추적하는 지수로 러셀 3000 가운데서도 규모가 작은 2,000개의 회사를 포함한다.

▶ 러셀 2000 지수를 추종하는 ETF (운용사별)

IWM iShares Russell 2000 ETF

TWOK SPDR Russell 2000 ETF

VTWO Vanguard Russell 2000 ETF

▶ 정방향(러셀 2000 지수가 상승할 때 수익)

SMLL Direxion Daily Small Cap Bull 2X Shares Daily Target: 2x (정방향 2배)

TNA Direxion Russell 2000 Bullish 3X ETF Daily Target: 3x (정방향 3배)

UWM ProShares Ultra Russell 2000 Daily Target: 2x (정방향 2배)

URTY ProShares UltraPro Russell 2000 Daily Target: 3x (정방향 3배)

▶ 역방향(러셀 2000 지수가 하락할 때 수익)

RWM ProShares Short Russell 2000 Daily Target: −1x (역방향 1배)

TWM ProShares UltraShort Russell 2000 Daily Target: −2x (역방향 2배)

TZA Direxion Russell 2000 Bearish 3X ETF Daily Target: −3x (역방향 3배)

SRTY ProShares UltraPro Short Russell2000 Fund Daily Target: −3x (역방향 3배)

▶ 배당 기업 중심의 러셀 2000 지수를 추종하는 ETF

SMDV ProShares Russell 2000 Dividend Growers ETF

▶ 동일 비중 중심의 러셀 2000 지수를 추종하는 ETF

EQWS PowerShares Russell 2000 Equal Weight Portfolio

▶ 성장 기업 중심의 러셀 2000 지수를 추종하는 ETF (운용사별)

IWO iShares Russell 2000 Growth ETF

VTWG Vanguard Russell 2000 Growth ETF

▶ 가치 기업 중심의 러셀 2000 지수를 추종하는 ETF (운용사별)

IWN iShares Russell 2000 Value ETF

VTWV Vanguard Russell 2000 Value ETF

Russell 3000

러셀 3000은 시가 총액 기준으로 3,000개의 미국 최대 기업으로 구성되며 광범위한 미국 주식시장의
성과를 추적하도록 설계됐다. 러셀 3000은 미국 주식시장의 거의 98%를 차지한다.

▶ 러셀 3000 지수를 추종하는 ETF (운용사별)

IWV iShares Russell 3000 ETF

THRK SPDR Russell 3000 ETF

VTHR Vanguard Russell 3000 ETF

▶ 성장 기업 중심의 러셀 3000 지수를 추종하는 ETF

IUSG iShares Core U.S. Growth ETF

▶ 가치 기업 중심의 러셀 2000 지수를 추종하는 ETF

IUSV iShares Core U.S. Value ETF

미국 주식이 답이다

이머징마켓 & 프론티어마켓 ETF

이머징마켓

ADRE BLDRS Emerging Markets 50 ADR Index ETF 이머징마켓의 기업 중 미국 시장에 ADR로 동시 상장된 종목들로 구성되어 있는데, 예를 들면 알리바바, 바이두, 대만 반도체 같은 기업들이다.

BBRC EGShares Beyond BRICs ETF 브라질, 러시아, 인도, 중국을 제외한 ETF

XCEM EGShares EM Core ex-China ETF 중국을 제외한 ETF

EMCR EGShares Emerging Markets CORE ETF 한국과 대만을 제외한 ETF

FEM First Trust Emerging Markets AlphaDEX ETF 중국 비중이 큰 ETF

RFEM First Trust RiverFront Dynamic Emerging Markets ETF 홍콩 비중이 큰 ETF

TLTE FlexShares Morningstar Emerging Market Factor Tilt Index ETF 중국, 대만, 한국 비중이 큰 ETF

FLQE Franklin LibertyQ Emerging Markets ETF

KLEM GaveKal Knowledge Leaders Emerging Markets ETF

EMFM Global X Next Emerging & Frontier ETF 이머징마켓 비중이 큰 ETF

EWEM Guggenheim MSCI Emerging Markets Equal Weight ETF 편입된 국가의 비중이 동일한 ETF

IEMG iShares Core MSCI Emerging Markets ETF 중국, 대만, 한국 비중이 큰 ETF

EMGF iShares Edge MSCI Multifactor Emerging Markets ETF

EEM iShares MSCI Emerging Markets ETF 중국, 대만, 한국 비중이 큰 ETF

JPEM JPMorgan Diversified Return Emerging Markets Equity ETF 중국과 대만의 비중이 큰 ETF

ROAM Lattice Emerging Market Strategy ETF 이머징마켓 국가 중 규모가 작은 나라의 비중이 큰 ETF

QEM Market Vectors MSCI Emerging Markets Quality ETF 중국, 대만, 인도, 한국과 남아프리카공화국의 비중이 큰 ETF

PXH PowerShares FTSE RAFI Emerging Markets Portfolio 중국, 브라질, 대만 비중이 큰 ETF

SCHE Schwab Emerging Markets Equity ETF 중국, 브라질, 인도, 대만과 남아프리카공화국의 비중이 큰 ETF

FNDE Schwab Fundamental Emerging Markets Large Company Index 이머징마켓 국가 중 규모가 큰 기업의 비중이 큰 ETF

QEMM SPDR MSCI Emerging Markets Quality Mix ETF 중국, 대만, 한국 비중이 큰 ETF

GMM SPDR S&P Emerging Markets ETF 중국 비중이 큰 ETF

VWO Vanguard FTSE Emerging Markets ETF 중국 비중이 큰 ETF

CEZ Victory CEMP Emerging Market Volatility Wtd Index ETF

EMSD WisdomTree Strong Dollar Emerging Markets Equity Fund

▶ 정방향 레버리지

EDC Direxion Daily Emerging Markets Bull 3x Shares (정방향 3배)

EET ProShares Ultra MSCI Emerging Markets (정방향 2배)

▶ 역방향 레버리지

EDZ Direxion Daily Emerging Markets Bear 3x Shares (역방향 3배)

EUM ProShares Short MSCI Emerging Markets (역방향 1배)

EEV ProShares UltraShort MSCI Emerging Markets (역방향 2배)

프론티어마켓

프론티어 시장은 이머징마켓보다 규모가 작고 개발이 덜된 국가를 말한다. 프론티어 시장의 예로는 아르헨티나, 방글라데시, 칠레, 콜롬비아, 이집트, 카자흐스탄, 쿠웨이트, 레바논, 모로코, 나이지리아, 파키스탄, 페루, 루마니아, 스리랑카 및 베트남 등이 있다.

EMFM Global X Next Emerging & Frontier ETF 이머징마켓과 프론티어마켓을 동시에 운용 중인 ETF, 이머징마켓의 비중이 높음

FRN Guggenheim Frontier Markets ETF 칠레 비중이 높은 ETF

FM iShares MSCI Frontier 100 ETF 쿠웨이트비중이 높은 ETF

미국 주식이 답이다

국가별 ETF

아르헨티나

ARGT Global X FTSE Argentina 20 ETF

호주

FAUS First Trust Australia AlphaDEX Fund

EWA iShares MSCI Australia ETF

QAUS SPDR MSCI Australia Quality Mix ETF

▶ 호주 소형주 ETF

KROO IQ Australia Small Cap ETF

EWAS iShares MSCI Australia Small Cap ETF

▶ 호주 배당주 ETF

AUSE WisdomTree Australia Dividend ETF

▶ 호주 비중이 큰 ETF

DVYA iShares Asia / Pacific Dividend 30 ETF

EPP iShares MSCI Pacific ex-Japan ETF

PAF PowerShares FTSE RAFI Asia Pacific ex-Japan Portfolio

▶ 호주 레버리지 ETF

UXJ ProShares Ultra MSCI Pacific ex-Japan Leveraged ETF; Daily Target 2x
(정방향 2배)

JPX ProShares UltraShort MSCI Pacific ex-Japan Leveraged/Short ETF; Daily

ETF 투자 가이드 & 주요 테마별 ETF   221

Target –2x (역방향 2배)

오스트리아

EWO iShares MSCI Austria Capped ETF

벨기에

EWK iShares MSCI Belgium Capped ETF

브라질

FBZ First Trust Brazil AlphaDEX ETF   **EWZ** iShares MSCI Brazil Capped ETF

▶ 브라질 소형주 ETF

EWZS iShares MSCI Brazil Small-Cap ETF

BRF Market Vectors Brazil Small-Cap ETF

▶ 브라질 레버리지 ETF

BRZU Direxion Daily Brazil Bull 2X Shares 2x daily target (정방향 2배)

UBR ProShares Ultra MSCI Brazil 2x daily target (정방향 2배)

BZQ ProShares UltraShort MSCI Brazil –2x daily target (역방향 2배)

캐나다

EWC iShares MSCI Canada ETF

FCAN First Trust Canada AlphaDEX Fund

▶ 캐나다 회사의 비중이 큰 ETF

COPX Global X Copper Miners ETF

URA Global X Uranium ETF

미국 주식이 답이다

ECH iShares MSCI Chile ETF

▶ 칠레 비중이 큰 ETF

AND Global X FTSE Andean 40 ETF 칠레, 콜럼비아, 페루가 편입되어 있음

FRN Guggenheim Frontier Markets ETF 칠레 비중이 큰 ETF

중국

AFTY CSOP FTSE China A50 ETF A주 대형주 편입

CN Deutsche X-trackers Harvest MSCI All China Equity ETF 중국의 대기업, 중기업이 편입

ASHR Deutsche X-trackers Harvest CSI 300 China A-Shares ETF A주 시장에서 가장 유동성이 큰 대기업이 편입

FCA First Trust China AlphaDEX ETF 특정한 펀더멘탈 요건에 부합하는 중국기업이 편입

FNI First Trust ISE Chindia Index Fund 미국 시장에 상장된 중국과 인도기업이 편입

FXI iShares FTSE China Large-Cap ETF 중국의 대형주 위주로 편입

MCHI iShares MSCI China ETF 중국의 대기업, 중기업이 편입

KBA KraneShares Bosera MSCI China A ETF 상해 및 심천거래소 상장된 대기업 및 중기업이 편입

KWEB KraneShares CSI New China ETF 중국의 인터넷 관련 기업이 편입

PGJ PowerShares Golden Dragon Halter USX China Portfolio 미국 시장에 상장된 중국기업들이 편입

GXC SPDR S&P China ETF 외국인 투자자의 비중이 높은 중국기업이 편입

▶ 중국 업종별 ETF

CHIQ Global X China Consumer ETF 음식료, 담배, 소매, 자동차 업종이 비중이 큰 ETF

CHIE Global X China Energy Fund 오일과 가스 비중이 큰 ETF

CHIX Global X China Financials ETF 금융주 ETF

CHII Global X China Industrials ETF 건설, 기계, 장비, 운송업의 비중이 큰 ETF

CHIM Global X China Materials ETF 원자재, 광산, 화학 업종의 비중이 큰 ETF

CQQQ Guggenheim China Technology ETF 기술주 ETF

KCNY KraneShares CSI China Internet ETF 중국 인터넷 기업 ETF

▶ 중국 소형주 ETF

ASHS Deutsche X-Trackers Harvest CSI 500 China-A Shares Small Cap ETF

ECNS iShares MSCI China Small-Cap ETF

CNXT Market Vectors China AMC SME-ChiNext ETF

▶ 중국 레버리지 ETF

YINN Direxion Daily FTSE China Bull 3X Shares Daily target: 3x (정방향 3배)

XPP ProShares Ultra FTSE China 50 Daily target: 2x (정방향 2배)

YANG Direxion Daily FTSE China Bear 3X Shares Daily target: −3x (역방향 3배)

YXI ProShares Short FTSE China 50 Daily target: −1x (역방향 1배)

FXP ProShares UltraShort FTSE China 25 Daily target: −2x (역방향 2배)

콜롬비아

GXG Global X MSCI Columbia ETF

ICOL iShares MSCI Colombia Capped ETF

덴마크

EDEN iShares MSCI Denmark Capped ETF

이집트

EGPT Market Vectors Egypt Index Fund

EFNL iShares MSCI Finland Capped ETF

EWQ iShares MSCI France ETF

▶ 프랑스 비중이 큰 ETF

DBEZ Deutsche X-trackers MSCI EMU Hedged Equity ETF

HEZU iShares Currency Hedged MSCI EMU ETF

EZU iShares MSCI EMU ETF   **FEZ** SPDR DJ EURO STOXX 50 ETF

FEUZ First Trust Eurozone AlphaDex ETF

FGM First Trust Germany AlphaDex ETF

EWG iShares MSCI Germany ETF 가장 많이 거래된 독일 ETF

DAX Recon Capital DAX Germany ETF 독일의 블루칩 기업들이 포함되어 있는 DAX 지수에 기초

▶ 독일 소형주 ETF

EWGS iShares MSCI Germany Small Cap ETF

▶ 독일 환헷지 ETF

DBGR Deutsche X-trackers MSCI Germany Hedged Equity ETF

HEWG iShares Currency Hedged MSCI Germany ETF

DXGE WisdomTree Germany Hedged Equity ETF

GREK Global X FTSE Greece 20 ETF

FHK First Trust Hong Kong AlphaDEX ETF

EWH iShares MSCI Hong Kong ETF

인도

FNI First Trust ISE Chindia Index Fund 인도와 중국기업 편입

INDY iShares India 50 ETF 인도의 대기업 편입

INDA iShares MSCI India ETF 인도의 대기업, 중기업이 편입

PIN PowerShares India Portfolio 인도의 대기업 편입

EPI WisdomTree India Earnings ETF 직전 회계연도 기준으로 선별된 회사 편입

SMIN iShares MSCI India Small Cap ETF

▶ 인도 레버리지 ETF

INDL Direxion Daily India Bull 3X Shares Daily Target: 3X (정방향 3배)

▶ 인도 업종별 ETF

INCO EGShares India Consumer ETF

인도네시아

EIDO iShares MSCI Indonesia ETF

IDX Market Vectors Indonesia Index ETF

아일랜드

EIRL iShares MSCI Ireland Capped ETF

이스라엘

EIS iShares MSCI Israel Capped ETF

ISRA Market Vectors Israel ETF

EWI iShares MSCI Italy Capped ETF

JPN Deutsche X-trackers Japan JPX-Nikkei 400 ETF

SCIJ Global X Scientific Beta Japan ETF

GSJY Goldman Sachs ActiveBeta Japan Equity ETF

JPXN iShares JPX-Nikkei 400 ETF

FJP First Trust Japan AlphaDEX Fund

EWJ iShares MSCI Japan ETF

JPMV iShares MSCI Japan Minimum Volatility ETF 변동성이 작은 기업들 위주로 편입

▶ 일본 환헷지 ETF

DBJP Deutsche X-trackers MSCI Japan Hedged Equity ETF

HEWJ iShares Currency Hedged MSCI Japan ETF

DXJ WisdomTree Japan Hedged Equity ETF 배당주 편입

▶ 일본 소형주 ETF

SCJ iShares MSCI Japan Small-Cap ETF

DXJS WisdomTree Japan Hedged SmallCap Equity ETF

DFJ WisdomTree Japan SmallCap Dividend ETF

▶ 일본 레버리지 ETF

JPNL Direxion Daily Japan Bull 3x Shares Daily Target: 3x (정방향 3배)

EZJ ProShares Ultra MSCI Japan Daily Target: 2x (정방향 2배)

EWV ProShares UltraShort MSCI Japan Daily Target: −2x (역방향 2배)

말레이시아

EWM iShares MSCI Malaysia ETF

멕시코

EWW iShares MSCI Mexico Capped ETF

▶ 멕시코 환헷지 ETF

HEWW iShares Currency Hedged MSCI Mexico ETF

▶ 멕시코 레버리지 ETF

UMX ProShares Ultra MSCI Mexico Investable Market Daily target: 2x (정방향 2배)

SMK ProShares UltraShort MSCI Mexico Investable Market Daily target: −2x (역방향 2배)

네덜란드

EWN iShares MSCI Netherlands ETF

뉴질랜드

ENZL iShares MSCI New Zealand Capped ETF

나이지리아

NGE Global X MSCI Nigeria ETF

노르웨이

NORW Global X MSCI Norway ETF

ENOR iShares MSCI Norway Capped ETF

페루

EPU iShares MSCI All Peru Capped ETF

필리핀

EPHE iShares MSCI Philippines ETF

폴란드

EPOL iShares MSCI Poland Capped ETF

포르투갈

PGAL Global X FTSE Portugal 20 ETF

카타르

QAT iShares MSCI Qatar Capped ETF

러시아

ERUS iShares MSCI Russia Capped ETF   **RSX** Market Vectors Russia ETF

▶ 러시아 소형주 ETF

RSXJ Market Vectors Russia Small-Cap ETF

▶ 러시아 레버리지 ETF

RUSS Direxion Daily Russia Bear 2x Shares Daily Target: −2x (역방향 2배)

RUSL Direxion Daily Russia Bull 2x Shares Daily Target: 2x (정방향 2배)

싱가포르

EWS iShares MSCI Singapore ETF

남아프리카공화국

EZA iShares MSCI South Africa ETF

한국

FKO First Trust South Korea AlphaDEX Fund

EWY iShares MSCI South Korea Capped ETF

▶ 한국 환헷지 ETF

HEWY iShares Currency Hedged MSCI South Korea ETF

▶ 한국 레버리지 ETF

KORU Direxion Daily South Korea Bull 3X Shares (정방향 3배)

스페인

EWP iShares MSCI Spain Capped ETF

스웨덴

EWD iShares MSCI Sweden ETF

스위스

FSZ First Trust Switzerland AlphaDEX Fund

EWL iShares MSCI Switzerland Capped ETF

대만

FTW First Trust Taiwan AlphaDEX Fund

EWT iShares MSCI Taiwan ETF

태국

THD iShares MSCI Thailand Capped ETF

터키

TUR iShares MSCI Turkey ETF

아랍에미리트

UAE iShares MSCI UAE Capped ETF

영국

EWU iShares MSCI United Kingdom ETF

▶ 영국 환헷지 ETF

HEWU iShares Currency Hedged MSCI United Kingdom ETF

▶ 영국 소형주 ETF

EWUS iShares MSCI United Kingdom Small Cap Index ETF

베트남

VNM Market Vectors Vietnam ETF

아프리카 지역

AFK VanEck Vectors-Africa Index ETF

상품별 ETF

농산물

JA ELEMENTS Rogers International Commodity Agriculture ETN

JJA iPath Bloomberg Agriculture Subindex Total Return ETN

DBA PowerShares DB Agriculture Fund

UAG UBS E-TRACS CMCI Agriculture Total Return ETN

FUD UBS E-TRACS CMCI Food Total Return ETN

알루미늄

JJU iPath Dow Jones-AIG Aluminum Total Return Sub-Index ETN

바이오연료

FUE ELEMENTS MLCX Biofuels Index Total Return ETN

코코아

NIB iPath Dow Jones-AIG Cocoa Total Return Sub-Index ETN

커피

CAFÉ iPath Pure Beta Coffee ETN

JO iPath Bloomberg Coffee Subindex Total Return ETN

RJI ELEMENTS Rogers International Commodity ETN

FTGC First Trust Global Tactical Commodity Strategy ETF

GCC GreenHaven Continuous Commodity ETF

GSC GS Connect S&P GSCI Enhanced Commodity Total Return ETN

DJP iPath Bloomberg Commodity Index Total Return ETN

BCM iPath Pure Beta Broad Commodity

GSP iPath Pure Beta Broad SP GSCI Commodity

GSG iShares GSCI Commodity-Indexed Trust

DBC PowerShares DB Commodity Index Tracking Fund

PDBC PowerShares DB Optimum Yield Diversified Commodity Strategy
Portfolio ETF

DJCI UBS E-TRACS Bloomberg Commodity Index Total Return ETN

UCI UBS ETRACS CMCI Total Return ETN

USCI United States Commodity Index Fund 선물 계약 가중치가 동일함

구리

JJC iPath Dow Jones – AIG Copper Total Return ETN

CPER United States Copper Index Fund

옥수수

CORN Teucrium Corn Fund

코튼

BAL iPath Dow Jones-AIG Cotton Total Return Sub-Index ETN

OLEM iPath Pure Beta Crude Oil

OILK ProShares K1 Free Crude Oil Strategy ETF

DBO PowerShares DB Oil Fund 서부텍사스중질유(WTI) 선물

USL United States 12 Month Oil Fund 서부텍사스중질유(WTI) 선물

BNO United States Brent Oil Fund   **USO** United States Oil Fund

▶ 오일 레버리지 ETF

UCO ProShares Ultra Bloomberg Crude Oil Daily Target: 2x (정방향 2배)

SCO ProShares UltraShort Bloomberg Crude Oil Daily Target: −2x (역방향 2배)

UGA The United States Gasoline ETF

GAZ iPath Dow Jones-UBS Natural Gas Subindex Total Return ETN

UNL The United States 12 Month Natural Gas Fund

UNG The United States Natural Gas ETF Fund

▶ 천연가스 레버리지 ETF

BOIL ProShares Ultra Bloomberg Natural Gas Daily Target: 2x (정방향 2배)

UGAZ VelocityShares 3X Long Natural Gas ETN Daily Target: 3x (정방향 3배)

KOLD ProShares UltraShort Bloomberg Natural Gas Daily Target: −2x (역방향 2배)

DGAZ VelocityShares 3X Inverse Natural Gas ETN Daily Target: −3x (역방향 3배)

FMF First Trust Morningstar Managed Futures Strategy Fund

금

GLDI Credit Suisse Gold Shares Covered Call ETN

SGOL ETFS Physical Swiss Gold Trust ETF

IAU iShares Gold Trust   **OUNZ** Merk Gold Trust

DGL PowerShares DB Gold Fund

GLD SPDR Gold Shares

UBG UBS E-TRACS CMCI Gold Total Return ETN

▶ 금 정방향 레버리지 ETF

DGP DB Gold Double Long ETN (정방향 2배)

UGL ProShares Ultra Gold (정방향 2배)

UGLD VelocityShares 3x Long Gold ETN (정방향 3배)

▶ 금 역방향 레버리지 ETF

DGZ DB Gold Short ETN (역방향 2배)

DZZ DB Gold Double Short ETN (역방향 2배)

GLL ProShares UltraShort Gold (역방향 2배)

DGLD Velocityshares 3X Inverse Gold ETN (역방향 3배)

콩

SOYB Teucrium Soybean Fund

밀

WEAT Teucrium Wheat Fund

납

LD ipath Bloomberg Lead TR Sub-Index ETN

니켈

JJN iPath Dow Jones-UBS Nickel Subindex Total Return ETN

비철금속

RJZ ELEMENTS Rogers International Commodity Metal ETN 귀금속

DBB PowerShares DB Base Metals Fund 알루미늄, 구리, 아연

가축

COW iPath Dow Jones-UBS Livestock Subindex Total Return ETN

플래티늄, 팔라듐

SPPP Sprott Physical Platinum and Palladium Trust

PALL ETFS Physical Palladium Shares ETF

PPLT ETFS Physical Platinum Shares ETF

PGM iPath Dow Jones-AIG Platinum Total Return Sub-Index ETN

은

SIVR ETFS Physical Silver Trust ETF

SLV iShares Silver Trust

DBS PowerShares DB Silver Fund

USV UBS E-TRACS CMCI Silver Total Return ETN

▶ 은 커버드콜 전략 ETF

SLVO Credit Suisse Silver Shares Covered Call ETN

▶ 은 정방향 레버리지 ETF

AGQ ProShares Ultra Silver Daily Target: 2x (정방향 2배)

USLV VelocityShares 3x Long Silver ETN linked to the S&P GSCI Silver Daily

Target: 3x (정방향 3배)

▶ 은 역방향 레버리지 ETF

ZSL ProShares UltraShort Silver Daily Target: −2x (역방향 2배)

DSLV VelocityShares 3x Inverse Silver ETN Daily Target: −3x (역방향 3배)

귀금속

GLTR ETFS Physical Precious Metal Basket Trust ETF 금, 은, 팔라듐, 플래티늄

JJP iPath Dow Jones-AIG Precious Metals Total Return Sub-Index ETN 금, 은

DBP PowerShares DB Precious Metals Fund 금, 은

설탕

SGG iPath Dow Jones-AIG Sugar Total Return Sub-Index ETN

CANE Teucrium Sugar Fund

Soft Commodity (코코아, 커피, 면화, 설탕 등을 총칭하는 말)

JJS iPath Dow Jones-AIG Softs Total Return Sub-Index ETN

주석

JJT iPath Dow Jones-AIG Tin Total Return Sub-Index ETN

ETF LIST 05

통화 ETF

호주 달러

FXA CurrencyShares Australian Dollar Trust

CROC ProShares UltraShort Australian Dollar

영국 파운드화

FXB CurrencyShares British Pound Sterling Trust

캐나다 달러

FXC CurrencyShares Canadian Dollar Trust

중국 위안화

CNY Market Vectors Chinese Renminbi/USD ETN

CYB WisdomTree Chinese Yuan ETF

일본 엔화

FXY CurrencyShares Japanese Yen Trust

▶ **일본 엔화 레버리지 ETF**

YCL ProShares Ultra Yen (정방향 2배)

YCS ProShares UltraShort Yen (역방향 2배)

미국 주식이 답이다

스위스 프랑

FXF CurrencyShares Swiss Franc Trust

유로

FXE CurrencyShares Euro Trust

▶ 유로화 레버리지 ETF

ULE ProShares Ultra Euro (정방향 2배)

EUFX ProShares Short Euro (역방향 1배)

EUO ProShares UltraShort Euro (역방향 2배)

미국 달러

UDN PowerShares DB US Dollar Bearish Fund 달러 약세시

UUP PowerShares DB US Dollar Index Bullish Fund 달러 강세시

USDU WisdomTree Bloomberg U.S. Dollar Bullish ETF 달러 강세시

기타 지역

CEW WisdomTree Emerging Currency ETF 브라질 헤알, 칠레 페소, 중국 위안, 콜럼비아 페소, 인도 루피, 인도네시아 루피아, 한국 원, 멕시코 페소, 필리핀 페소, 폴란드 즈워티, 러시아 루블, 남아프리카 공화국 란드, 태국 바트, 터키 리라 편입

섹터별(미국 내) ETF

방위산업체

ITA iShares U.S. Aerospace & Defense ETF

PPA PowerShares Aerospace & Defense Portfolio

XAR SPDR S&P Aerospace & Defense ETF

은행

QABA First Trust NASDAQ ABA Community Bank Index Fund

IAT iShares U.S. Regional Banks ETF

KBWR PowerShares KBW Regional Bank ETF

KBWB PowerShares KBW Banks ETF

KBE SPDR S&P Bank ETF

KRE SPDR S&P Regional Banking ETF

바이오테크

SBIO ALPS Medical Breakthroughs ETF 적어도 한 제품 이상이 FDA 임상실험 2상 ,3상 후보로 올라간 회사가 편입, 1상은 제외)

BBC BioShares Biotechnology Clinical Trials ETF FDA 임상실험 1상과 2상 혹은 3상에 신약후보를 올린 회사가 편입

BBP BioShares Biotechnology Products ETF 적어도 한 제품 이상이 FDA 임상실험에서 승인을 받았거나 후보를 올린 회사가 편입

FBT First Trust NYSE Arca Biotechnology Index Fund

IBB iShares Nasdaq Biotechnology ETF

BBH Market Vectors Biotech ETF

PBE PowerShares Dynamic Biotechnology & Genome Portfolio

XBI SPDR Biotech ETF

▶ 바이오테크 레버리지 ETF

BIB ProShares Ultra Nasdaq Biotechnology (정방향 2배)

LABU Direxion Daily S&P Biotech Bull 3X Shares (정방향 3배)

BIS ProShares UltraShort Nasdaq Biotechnology (역방향 2배)

LABD Direxion Daily S&P Biotech Bear 3X Shares (역방향 3배)

사업 개발 회사 (Business Development Companies)

BIZD Market Vectors BDC Income ETF

BDCS UBS ETRACS Linked to the Wells Fargo Business Development
Company

자본 시장 (Capital Market)

IAI iShares U.S. Broker-Dealers ETF

KCE SPDR S&P Capital Markets ETF

클린 에너지

QCLN First Trust NASDAQ Clean Edge Green Energy Index Fund

PBW PowerShares WilderHill Clean Energy Portfolio

건설

ITB iShares U.S. Home Construction ETF

XHB SPDR Homebuilders ETF

PKB PowerShares Dynamic Building & Construction Portfolio

▶ 건설 레버리지 ETF

NAIL Direxion Daily Homebuilders & Supplies Bull 3X Shares (정방향 3배)

임의소비재(Consumer Discretionary)

XLY Consumer Discretionary Select Sector SPDR Fund

FDIS Fidelity MSCI Consumer Discretionary Index ETF

FXD First Trust Consumer Discretionary AlphaDEX ETF

RCD Guggenheim S&P500 Equal Weight Consumer Discretionary ETF

IYC iShares U.S. Consumer Services ETF

VCR Vanguard Consumer Discretionary Index Fund

JHMC John Hancock Multifactor Consumer Discretionary ETF

▶ 임의소비재 소형주 ETF

PSCD PowerShares S&P SmallCap Consumer Discretionary Portfolio

▶ 임의소비재 레버리지 ETF

UCC ProShares Ultra Consumer Services (정방향 2배)

SCC ProShares UltraShort Consumer Services (역방향 2배)

▶ 경기민감 소비재 ETF

PSL PowerShares DWA Consumer Cyclicals Momentum Portfolio

필수소비재 (Consumer Staples)

XLP Consumer Staples Select Sector SPDR Fund

FSTA Fidelity MSCI Consumer Staples Index ETF

FXG First Trust Consumer Staples AlphaDEX ETF

IYK iShares U. S. Consumer Goods ETF

RHS Guggenheim S&P500 Equal Weight Consumer Staples ETF

PSL PowerShares DWA Consumer Staples Momentum Portfolio

VDC Vanguard Consumer Staples ETF

▶ 필수소비재 소형주 ETF

PSCC PowerShares S&P SmallCap Consumer Staples Portfolio

▶ 필수소비재 레버리지 ETF

UGE ProShares Ultra Consumer Goods (정방향 2배)

SZK ProShares UltraShort Consumer Goods (역방향 2배)

에너지

FENY Fidelity MSCI Energy Index ETF

FTXN First Trust Nasdaq Oil & Gas ETF

FXN First Trust Energy AlphaDEX ETF

RYE Guggenheim S&P500 Equal Weight Energy ETF

IYE iShares U.S. Energy ETF

PXI PowerShares DWA Energy Momentum Portfolio

XLE Energy Select Sector Fund SPDR

VDE Vanguard Energy Index Fund

▶ 다운스트림 ETF

CRAK VanEck Vectors Oil Refiners ETF

▶ 미드스트림(파이프라인) ETF

TPYP Tortoise North American Pipeline Fund ETF

▶ 오일, 가스 탐사 및 생산 ETF

IEO iShares U.S. Oil & Gas Exploration & Production ETF

PXE PowerShares Dynamic Energy Exploration & Production Portfolio

XOP SPDR S&P Oil & Gas Exploration & Production ETF

▶ 오일, 가스 서비스 및 장비 ETF

IEZ iShares U.S. Oil Equipment & Services ETF

OIH Market Vectors Oil Services ETF

PXJ PowerShares Dynamic Oil & Gas Services Portfolio

XES SPDR S&P Oil & Gas Equipment & Services ETF

▶ 비전통 오일 ETF

FRAK Market Vectors Unconventional Oil & Gas ETF

▶ 에너지 소형주 ETF

PSCE PowerShares S&P SmallCap Energy Portfolio

▶ 에너지 정방향 레버리지 ETF

DIG ProShares Ultra Oil & Gas Daily Target: 2x (정방향 2배)

ERX Direxion Daily Energy Bull 2x Shares Daily Target: 2x (정방향 2배)

GUSH Direxion Daily S&P Oil & Gas Exp. & Prod. Bull 2X Shares (정방향 2배)

▶ 에너지 역방향 레버리지 ETF

DDG ProShares Short Oil & Gas Daily Target: −1x (역방향 1배)

DUG ProShares UltraShort Oil & Gas Daily Target: −2x (역방향 2배)

ERY Direxion Russell 1000 Energy Bearish 2X ETF Daily Target: −2x (역방향 2배)

DRIP Direxion Daily S&P Oil & Gas Exp. & Prod. Bear 2X Shares (역방향 2배)

환경 서비스

EVX Market Vectors Environmental Services ETF

미국 주식이 답이다

FNCL Fidelity MSCI Financials Index ETF

XLF Financial Select Sector SPDR Fund

FXO First Trust Financials AlphaDEX ETF

RYF Guggenheim S&P500 Equal Weight Financials ETF 편입된 기업들이 동일 비중

IYF iShares U.S. Financials ETF

IYG iShares U.S. Financial Services ETF

PFI PowerShares DWA Financial Momentum Portfolio 최근 강세를 보이는 회사들

VFH Vanguard Financials Index Fund

▶ 금융 배당주 ETF

KBWD PowerShares KBW High Dividend Yield Financial Portfolio

▶ 금융 소형주 ETF

PSCF PowerShares S&P SmallCap Financials Portfolio

▶ 금융 정방향 레버리지 ETF

UYG ProShares Ultra Financials Daily Target: 2x (정방향 2배)

FAS Direxion Daily Financial Bull 3X ETF Daily Target: 3x (정방향 3배)

▶ 금융 역방향 레버리지 ETF

SEF ProShares Short Financials Daily Target: −1x (역방향 1배)

SKF ProShares UltraShort Financials Daily Target: −2x (역방향 2배)

FAZ Direxion Daily Financial Bear 3X ETF Daily Target: −3x (역방향 3배)

PBJ PowerShares Dynamic Food & Beverage Portfolio

FHLC Fidelity MSCI Health Care Index ETF

FXH First Trust Health Care AlphaDEX ETF

RYH Guggenheim S&P500 Equal Weight Health Care ETF

XLV Health Care Select Sector SPDR Fund

IYH iShares U.S. Healthcare ETF

JHMH John Hancock Multifactor Healthcare ETF

PTH PowerShares DWA Healthcare Momentum Portfolio 강세를 보이는 기업 중심

BTEC Principal Healthcare Innovators Index ETF

VHT Vanguard Health Care Index Fund

▶ 암 관련 기업 ETF

CNCR Loncar Cancer Immunotherapy ETF

▶ 장기요양 관련 기업 ETF

OLD The Long-Term Care ETF

▶ 헬스케어 중 의료장비(수술 관련 장비) ETF

IHI iShares U.S. Medical Devices ETF

▶ 헬스케어 소형주 ETF

PSCH PowerShares S&P SmallCap Health Care Portfolio

XHE SPDR S&P Health Care Equipment ETF

▶ 헬스케어 서비스 ETF

IHF iShares U.S. Health Care Providers ETF

XHS SPDR S&P Health Care Services ETF

▶ 헬스케어 레버리지 ETF

RXL ProShares Ultra Health Care   Daily Target: 2x (정방향 2배)

RXD ProShares UltraShort Health Care Daily Target: −2x (역방향 2배)

보험

IAK iShares U.S. Insurance ETF

KIE SPDR S&P Insurance ETF

KBWP PowerShares KBW Property & Casualty Insurance Portfolio

산업

FIDU Fidelity MSCI Industrials Index ETF

FXR First Trust Industrials/Producer Durables AlphaDEX Fund

AIRR First Trust RBA American Industrial Renaissance ETF

RGI Guggenheim S&P500 Equal Weight Industrial ETF

XLI Industrial Select Sector SPDR Fund

IYJ iShares U.S. Industrial ETF

VIS Vanguard Industrials Index Fund

▶ 산업 업종 소형주 ETF

PSCI PowerShares S&P SmallCap Industrials Portfolio

▶ 산업 업종 레버리지 ETF

UXI ProShares Ultra Industrials Daily Target: 2x (정방향 2배)

SIJ ProShares UltraShort Industrials Daily Target: −2x (역방향 2배)

레저 및 엔터테인먼트

PEJ PowerShares Dynamic Leisure & Entertainment Portfolio

ENFR ALPS Alerian Energy Infrastructure ETF

MLPX Global X MLP & Energy Infrastructure ETF

AMZA InfraCap MLP ETF

▶ 마스터유한회사 ETN

ATMP Barclays ETN+ Select MLP ETN

MLPO Credit Suisse S&P MLP Index ETN

MLPC C-Tracks Miller/Howard MLP Fundamental Index ETN

IMLP iPath S&P MLP ETN

AMJ JP Morgan Alerian MLP Index ETN

MLPY Morgan Stanley Cushing MLP High Income Index ETN

AMU UBS ETRACS Alerian MLP Index ETN

MLPI UBS E-TRACS Alerian MLP Infrastructure Index ETN

MLPG UBS E-TRACS Alerian Natural Gas MLP Index ETN

천연가스

FCG First Trust ISE Revere Natural Gas Index Fund

▶ 천연가스 역방향 레버리지 ETF

KOLD ProShares UltraShort Bloomberg Natural Gas

제약주

FTXH First Trust Nasdaq Pharmaceuticals ETF

IHE iShares U.S. Pharmaceuticals ETF

PPH Market Vectors Pharmaceutical ETF

PJP PowerShares Dynamic Pharmaceuticals Portfolio

XPH SPDR S&P Pharmaceuticals ETF

▶ 제약주 정방향 레버리지 ETF

PILL Direxion Daily Pharmaceutical & Medical Bull 3X Shares

부동산

FREL Fidelity MSCI Real Estate Index ETF

FRI First Trust S&P REIT Index Fund

EWRE Guggenheim S&P500 Equal Weight Real Estate ETF

ICF iShares Cohen & Steers REIT ETF 미국의 대표적인 리츠회사 편입

USRT iShares Core U.S. REIT ETF

REM iShares Mortgage Real Estate Capped ETF

IFNA iShares North America Real Estate ETF

FTY iShares Real Estate 50 ETF

REZ iShares Residential Real Estate Capped ETF 레지던스, 헬스케어 및 창고 리츠회사 편입

IYR iShares U.S. Real Estate ETF

REZ iShares Residential Real Estate Capped ETF 주거, 의료 및 창고 관련 리츠회사에 대한 가중치 부여

MORT Market Vectors Mortgage REIT Income ETF 모기지 리츠회사 편입

PSR PowerShares Active U.S. Real Estate Fund

SCHH Schwab U.S. REIT ETF

RWR SPDR Dow Jones REIT ETF

VNQ Vanguard REIT ETF

▶ 부동산 소형주 ETF

ROOF IQ US Real Estate Small Cap ETF

KBWP PowerShares KBW Premium Yield Equity REIT Portfolio

▶ 부동산 정방향 레버리지 ETF, ETN

URE ProShares Ultra Real Estate Daily Target: 2x (정방향 2배)

DRN DirexionShares Daily Real Estate Bull 3x Shares ETF Daily Target: 3x (정방향 3배)

▶ 부동산 역방향 레버리지 ETF

REK ProShares Short Real Estate Daily Target: −1x (역방향 1배)

SRS ProShares UltraShort Real Estate Daily Target: −2x (역방향 2배)

DRV DirexionShares Daily Real Estate Bear 3x Shares ETF Daily Target: −3x (역방향 3배)

소매

XRT SPDR S&P Retail ETF

▶ 소매 정방향 레버리지 ETF

RETL Direxion Daily Retail Bull 3X Shares Daily Target: 3x (정방향 3배)

반도체

SOXX iShares PHLX SOX Semiconductor Sector ETF

SMH Market Vectors Semiconductor ETF

PSI PowerShares Dynamic Semiconductors Portfolio

XSD SPDR S&P Semiconductor ETF

▶ 반도체 정방향 레버리지 ETF

USD ProShares Ultra Semiconductors Daily Target: 2x (정방향 2배)

SOXL Direxion Daily Semiconductor Bull 3X Shares Daily Target: 3x (정방향 3배)

▶ 반도체 정방향 레버리지 ETF

SSG ProShares UltraShort Semiconductors Daily Target: −2x (역방향 2배)

SOXS Direxion Daily Semiconductor Bear 3X Shares (Daily Target: −3x (역방향 3배)

XITK SPDR FactSet Innovative Technology ETF

FTEC Fidelity MSCI Information Technology Index ETF

QTEC First Trust NASDAQ-100 Technology Sector Index Fund

FXL First Trust Technology AlphaDEX Fund

RYT Guggenheim S&P500 Equal Weight Technology ETF

IGM iShares North American Tech ETF

XT iShares Exponential Technologies ETF

IYW iShares U.S. Technology ETF

PTF PowerShares DWA Technology Momentum Portfolio 최근 강세를 보이는 기업 중심

XLK Technology Select Sector SPDR Fund

VGT Vanguard Information Technology Index Fund

JHMT John Hancock Multifactor Technology ETF

▶ 기술주 중 배당주 ETF

TDIV First Trust NASDAQ Technology Dividend Index Fund

▶ 기술주 중 소형주 ETF

PSCT PowerShares S&P SmallCap Information Technology Portfolio

▶ 클라우드 컴퓨팅 ETF

SKYY First Trust ISE Cloud Computing Index Fund

▶ 인터넷 ETF

FDN First Trust DJ Internet Index ETF

PNQI PowerShares NASDAQ Internet Portfolio

XWEB SPDR S&P Internet ETF

▶ 하드웨어 ETF

XTH SPDR S&P Technology Hardware ETF

▶ 핀테크 ETF

FINX Global X FinTech Thematic ETF

▶ 사이버보안 ETF

CIBR First Trust NASDAQ Cybersecurity ETF

▶ 사물인터넷 ETF

SNSR Global X Internet of Things Thematic ETF

▶ 모바일결제 ETF

IPAY PureFunds ISE Mobile Payments ETF

▶ 네트워킹 ETF

IGN iShares North American Tech-Multimedia Networking ETF

PXQ PowerShares Dynamic Networking Portfolio

▶ 소프트웨어 ETF

IGV iShares North American Tech-Software ETF

PSJ PowerShares Dynamic Software Portfolio

XSW SPDR S&P Software & Services ETF

▶ 기술주 레버리지 ETF

ROM ProShares Ultra Technology Daily Target: 2x (정방향 2배)

TECL Direxion Technology Bull 3X Shares ETF Daily Target: 3x (정방향 3배)

REW ProShares UltraShort Technology Daily Target: −2x (역방향 2배)

TECS Direxion Technology Bear 3X Shares ETF Daily Target: −3x (역방향 3배)

통신

FCOM Fidelity MSCI Telecommunications Services Index ETF

IYZ iShares U.S. Telecommunications ETF

XTL SPDR S&P Telecom ETF

VOX Vanguard Telecommunication Services ETF

▶ 통신 레버리지 ETF

LTL ProShares Ultra Telecommunications Daily Target: 2x (정방향 2배)

운송

IYT iShares Transportation ETF

XTN SPDR S&P Transportation ETF

유틸리티

FUTY Fidelity MSCI Utilities Index ETF

GRID First Trust NASDAQ Clean Edge Smart Grid Infrastructure Index Fund
전력회사와 관련 있는 기업 중심

FXU First Trust Utilities AlphaDEX Fund

RYU Guggenheim S&P500 Equal Weight Utilities ETF

IDU iShares U.S. Utilities ETF

PUI PowerShares DWA Utilities Momentum Portfolio 최근 강세를 보이는 기업 중심

XLU SPDR Utilities Select Sector Fund

VPU Vanguard Utilities ETF

UTES Reaves Utilities ETF

▶ 유틸리티 소형주 ETF

PSCU PowerShares S&P SmallCap Utilities Portfolio

▶ 유틸리티 레버리지 ETF

UPW ProShares Ultra Utilities Daily Target: 2x (정방향 2배)

SDP ProShares UltraShort Utilities Daily Target: −2x (역방향 2배)

섹터별(글로벌) ETF

글로벌 농산물

FTAG First Trust Indxx Global Agriculture ETF

SOIL Global X Fertilizers/Potash ETF

CROP IQ Global Agribusiness Small Cap ETF 농작물 생산, 농업관련 소기업 편입

VEGI iShares MSCI Global Agriculture Producers ETF 미국회사가 주로 편입

MOO Market Vectors Agribusiness ETF 미국회사가 주로 편입

글로벌 자동차

CARZ First Trust NASDAQ Global Auto Index Fund 일본, 독일, 미국 자동차회사 주로 편입

글로벌 클린 에너지

ETHO Etho Climate Leadership U.S. ETF

YLCO Global X Yieldco Index ETF

ICLN iShares Global Clean Energy ETF 중국과 미국 기업 위주로 편입

PZD PowerShares Cleantech Portfolio 미국 기업 위주로 편입

PBD PowerShares Global Clean Energy Portfolio 중국과 미국 기업 위주로 편입

SPYX SPDR S&P500 Fossil Fuel Free ETF

▶ 태양열 ETF

TAN Guggenheim Solar ETF 중국, 홍콩, 미국 기업 위주로 편입

▶ 풍력 ETF

FAN First Trust ISE Global Wind Energy Index Fund

▶ 저탄소 ETF

CRBN iShares MSCI ACWI Low Carbon Target ETF   미국 기업 위주로 편입

LOWC SPDR MSCI ACWI Low Carbon Target ETF   미국 기업 위주로 편입

글로벌 건설

FLM First Trust ISE Global Engineering and Construction Index Fund   미국과 일본
기업 위주로 편입

글로벌 임의소비재

RXI iShares S&P Global Consumer Discretionary ETF   미국 포함

▶ 그밖의 글로벌 소비재 ETF

ECON EGShares Emerging Markets Consumer ETF

INCO EGShares India Consumer ETF

CHIQ Global X China Consumer ETF

글로벌 필수소비재

KXI iShares Global Consumer Staples ETF

글로벌 금융

IXG iShares Global Financials ETF   미국 포함

CHIX Global X China Financials ETF

EUFN iShares MSCI Europe Financials Sector ETF

글로벌 게임

BJK Market Vectors Gaming ETF 미국 기업 위주로 편입

글로벌 금광

SGDJ ALPS ETF Trust Sprott Junior Gold Miners ETF

GDX Market Vectors Gold Miners ETF

GDXJ Market Vectors Junior Gold Miners Fund 중, 소기업 편입

RING iShares MSCI Global Gold Miners ETF 금과 귀금속 회사

SGDM Sprott Gold Miners ETF

▶ 글로벌 금광 레버리지 ETF

NUGT Direxion Daily Gold Miners Bull 2X Shares (정방향 2배)

JDST Direxion Daily Junior Gold Miners Index Bear 3X Shares (역방향 3배)

DUST Direxion Daily Gold Miners Bear 2X Shares (역방향 2배)

글로벌 헬스케어

IXJ iShares Global Healthcare ETF 미국 기업 편입

글로벌 산업

EXI iShares S&P Global Industrials ETF 미국 포함

CHII Global X China Industrials ETF

글로벌 인프라

NFRA FlexShares STOXX Global Broad Infrastructure Index Fund

IGF iShares Global Infrastructure ETF

TOLZ ProShares DJ Brookfield Global Infrastructure ETF

GII SPDR FTSE/Macquarie Global Infrastructure 100 ETF

미국 주식이 답이다

EMIF iShares Emerging Markets Infrastructure ETF

글로벌 원자재

MXI iShares Global Materials ETF 미국 기업 편입

CHIM Global X China Materials ETF

글로벌 금속, 광산

PICK iShares MSCI Global Metals & Mining Producers ETF 금과 은 제외, 주로 호주기
업 위주로 편입

JUNR Global X Junior Miners ETF 캐나다, 호주, 미국의 소기업 위주로 편입

▶ 글로벌 석탄 ETF

KOL Market Vectors Global Coal Index 중국과 미국 기업 위주로 편입

▶ 구리 ETF

COPX Global X Copper Miners ETF 캐나다 위주

▶ 구리 ETF

LIT Global X Lithium ETF 미국 위주

▶ 플래티늄 ETF

PLTM First Trust ISE Global Platinum Index 캐나다와 남아프리카공화국 위주

▶ 희토류 ETF

REMX Market Vectors Rare Earth/Strategic Metals ETF

▶ 철강 ETF

SLX Market Vectors Steel ETF

▶ 우라늄 ETF

URA Global X Uranium ETF 캐나다 위주

NLR Market Vectors Uranium+Nuclear Energy ETF 미국 위주

글로벌 천연자원

FTRI First Trust Indxx Global Natural Resources Income ETF

GUNR FlexShares Morningstar Global Upstream Natural Resources Index
ETF 미국과 영국의 기업 위주로 편입, 공급망을 보유한 자원 생산 기업 위주

CUT Guggenhiem Timber Index ETF 미국과 브라질 위주

GRES IQ ARB Global Resources ETF 미국 위주

WOOD iShares Global Timber & Forestry ETF 미국 기업 위주, 목재나 임업 관련회사 편입

IGE iShares North America Natural Resources ETF 미국과 캐나다

HAP Market Vectors Natural Resources ETF 미국 위주

PHO PowerShares Water Resources Portfolio

GNR SPDR S&P Global Natural Resources ETF 미국 위주

NANR SPDR S&P North American Natural Resources ETF

글로벌 오일, 가스

FILL iShares MSCI Global Energy Producers ETF 미국의 오일, 가스 탐사 및 생산기업
위주

IXC iShares Global Energy ETF 미국 기업 위주

CHIE Global X China Energy Fund

글로벌 부동산

FFR First Trust FTSE EPRA/NAREIT Global Real Estate Index ETF 미국 기업 위주

GQRE FlexShares Global Quality Real Estate Index Fund 상업용 리츠, 전문 리츠와
부동산 개발회사중 미국 위주로 편입

미국 주식이 답이다

SRET Global X SuperDividend REIT ETF 모기지 리츠, 다각화한 리츠의 미국 기업 위주

WPS iShares International Developed Property ETF 미국 제외

IFGL iShares International Developed Real Estate ETF 미국 제외

REET iShares Global REIT ETF 미국 리츠 위주로 편입

RWO SPDR Dow Jones Global Real Estate ETF 미국 기업 위주

RWX SPDR Dow Jones International Real Estate ETF 미국 제외

VNQI Vanguard Global ex-U.S. Real Estate ETF 미국 제외

DRW WisdomTree Global ex-US Real Estate ETF 미국 제외

▶ 그밖의 부동산 ETF

IFEU iShares Europe Developed Real Estate ETF

글로벌 은광

SLVP iShares MSCI Global Silver Miners Fund

SIL Global X Silver Miners ETF

SILJ PureFunds ISE Junior Silver ETF 소기업 광산회사 위주

글로벌 기술

ARKW ARK Web x.0 ETF 클라우드 관련

SOCL Global X Social Media Index ETF 미국, 중국, 일본 위주

IXN iShares Global Tech ETF 미국 위주

HACK PureFunds ISE Cyber Security ETF

ROBO Robo-Stox Global Robotics & Automation Index ETF 로봇 관련 회사

EMQQ Emerging Markets Internet & Ecommerce ETF

CQQQ Guggenheim China Technology ETF

KWEB KraneShares CSI China Internet ETF

글로벌 통신

IXP iShares Global Telecom ETF 미국 포함

글로벌 유틸리티

JXI iShares Global Utilities ETF 미국 포함

글로벌 물

FIW First Trust ISE Water Index Fund

CGW Guggenhiem S&P Global Water Index ETF

PIO PowerShares Global Water Resources Portfolio

채권(미국 내) ETF

회사채

FCOR Fidelity Corporate Bond ETF

SKOR FlexShares Credit-Scored US Corporate Bond Index Fund

QLTA iShares Aaa – A Rated Corporate Bond ETF

LQD iShares iBoxx $ Investment Grade Corporate Bond Fund

CORP PIMCO Investment Grade Corporate Bond Index ETF

▶ 헷지형 회사채 ETF

LQDH iShares Interest Rate Hedged Corporate Bond ETF

IGHG ProShares Investment Grade-Interest Rate Hedged ETF

▶ 단기 회사채 ETF

SLQD iShares 0-5 Year Investment Grade Corporate Bond ETF

VCSH Vanguard Short-Term Corporate Bond ETF

▶ 중기 회사채 ETF

BSCK Guggenheim Bulletshares 2020 Corp Bond ETF

BSCL Guggenheim BulletShares 2021 Corporate Bond ETF

BSCM Guggenheim BulletShares 2022 Corporate Bond ETF

BSCN Guggenheim BulletShares 2023 Corporate Bond ETF

BSCO Guggenheim BulletShares 2024 Corporate Bond ETF

IBCE iShares iBonds 2023 Corporate ex-Financials ETF

IBDD iShares iBonds 2023 Corporate ETF

IBDM iShares iBonds Dec 2021 Corporate ETF

IBDN iShares iBonds Dec 2022 Corporate ETF

IBDO iShares iBonds Dec 2023 Corporate ETF

IBDP iShares iBonds Dec 2024 Corporate ETF

IBDQ iShares iBonds Dec 2025 Corporate ETF

PFIG PowerShares Fundamental Investment Grade Corporate Bond Portfolio

VCIT Vanguard Intermediate-Term Corporate Bond ETF

▶ 장기 회사채 ETF

VCLT Vanguard Long-Term Corporate Bond ETF

금리변동형 채권 (Floating Rate Bond)

FLRT AdvisorShares Pacific Asset Enhanced Floating Rate ETF

FLOT iShares Floating Rate Bond ETF

TFLO iShares Treasury Floating Rate Bond ETF

FLTR Market Vectors Investment Grade Floating Rate

FLRN SPDR Barclays SPDR Investment Grade Floating Rate ETF

USFR WisdomTree Bloomberg Floating Rate Treasury ETF

정부채

FTSD Franklin Short Duration US Government ETF

AGZ iShares Agency Bond ETF

VGIT Vanguard Intermediate-Term Government Bond Index Fund

VGLT Vanguard Long-Term Government Bond ETF

VGSH Vanguard Short-Term Government Bond ETF

미국 주식이 답이다

HYLD AdvisorShares Peritus High Yield ETF

HYLS First Trust Tactical High Yield ETF

BSJK Guggenheim BulletShares 2020 High Yield Corporate Bond ETF

BSJL Guggenheim BulletShares 2021 High Yield Corporate Bond ETF

BSJM Guggenheim BulletShares 2022 High Yield Corporate Bond ETF

SHYG iShares 0-5 Year High Yield Corporate Bond ETF

HYG iShares iBoxx $ High Yield Corporate Bond Fund

ANGL arket Vectors Fallen Angel ETF

HYS PIMCO 0-5 Year US High Yield Corporate Bond Index ETF

PHB PowerShares High Yield Corporate Bond Portfolio

JNK SPDR Barclays Capital High Yield Bond ETF

SJNK SPDR Barclays Capital Short Term High Yield Bond

HYND WisdomTree BofA Merrill Lynch High Yield Bond Negative Duration ETF

HYZD WisdomTree BofA Merrill Lynch High Yield Bond Zero Duration ETF

▶ 하이일드 회사채 헷지형 ETF

HYGH iShares Interest Rate Hedged High Yield Bond ETF

HYHG ProShares High Yield-Interest Rate Hedged ETF

▶ 하이일드 회사채 정방향 레버리지 ETF

UJB ProShares Ultra High Yield (정방향 2배)

▶ 하이일드 회사채 레버리지 ETF

SJB ProShares Short High Yield

모기지담보증권 (Mortgage Backed Security)

LMBS First Trust Low Duration Mortgage Opportunities ETF

MBSD FlexShares Disciplined Duration MBS Index Fund

MBB iShares MBS ETF

VMBS Vanguard Mortgage-Backed Securities ETF

▶ 주거용 모기지담보증권 ETF

GNMA iShares Core GNMA Bond ETF

▶ 상업용 모기지담보증권 ETF

CMBS iShares CMBS ETF

혼합형 채권 (Mixed-Bond)

MINC AdvisorShares Newfleet Multi-Sector Income ETF

HOLD AdvisorShares Sage Core Reserves ETF

FBND Fidelity Total Bond ETF

IUSB iShares Core Total USD Bond Market ETF

AGG iShares Core U.S. Aggregate Bond ETF

GBF iShares Government/Credit Bond ETF

BYLD iShares Yield Optimized Bond ETF

BOND PIMCO Total Return ETF

SCHZ Schwab U.S. Aggregate Bond ETF

TOTL SPDR DoubleLine Total Return Tactical ETF

BND Vanguard Total Bond Market ETF

VBND Vident Core US Bond Strategy ETF

AGND WisdomTree Barclays U.S. Aggregate Bond Negative Duration ETF

AGZD WisdomTree Barclays U.S. Aggregate Bond Zero Duration ETF

미국 주식이 답이다

▶ 단기 혼합형 채권 ETF

FLTB Fidelity Limited Term Bond ETF

GSY Guggenheim Enhanced Short Duration ETF

ISTB iShares Core Short-Term USD Bond ETF

ICSH iShares Liquidity Income ETF

NEAR iShares Short Maturity Bond ETF

ULST SPDR SSGA Ultra Short Term Bond

LDUR PIMCO Low Duration Exchange-Traded Fund

BSV Vanguard Short-Term Bond ETF

▶ 중기 혼합형 채권 ETF

GVI iShares Intermediate Government/Credit Bond ETF

BIV Vanguard Intermediate-Term Bond Index Fund

▶ 장기 혼합형 채권 ETF

CLY iShares 10 Year + Credit Bond ETF

ILTB iShares Core Long-Term USD Bond ETF

BLV Vanguard Long-Term Bond ETF

지방채

RVNU Deutsche X-Trackers Municipal Infrastructure Revenue Bond ETF

FMB First Trust Managed Municipal ETF

MUB iShares National AMT-Free Muni Bond ETF

XMPT Market Vectors CEF Municipal Income ETF

BAB PowerShares Build America Bond Fund

PZA PowerShares National AMT-Free Municipal Bond Portfolio

PVI PowerShares VRDO Tax-Free Weekly Portfolio

TFI SPDR Nuveen Barclays Capital Municipal Bond ETF

▶ 하이일드 지방채 ETF

SHYD Market Vectors Short High-Yield Municipal Index ETF

HYD Market Vectors High Yield Municipal Index ETF

HYMB SPDR Nuveen S&P High Yield Municipal Bond ETF

▶ 단기 지방채 ETF

MEAR iShares Short Maturity Municipal Bond ETF

SUB iShares Short-Term National AMT-Free Muni Bond ETF

SMB Market Vectors Short High-Yield Municipal Index ETF

SMMU PIMCO Short Term Municipal Bond Exchange-Traded Fund

SHM SPDR Nuveen Barclays Capital Short Term Municipal Bond ETF

▶ 중기 지방채 ETF

ITM Market Vectors Intermediate Municipal Index ETF

MUNI PIMCO Intermediate Municipal Bond Exchange-Traded Fund

▶ 장기 지방채 ETF

MLN Market Vectors Long Municipal Index ETF

▶ 주 특별 지방채 ETF

NYF iShares New York AMT-Free Muni Bond ETF

CMF iShares S&P California Municipal Bond Fund

PWZ PowerShares California AMT-Free Municipal Bond Portfolio

PZT PowerShares New York AMT-Free Municipal Bond Portfolio

특수 채권 (Specialty Bond)

▶ 주전환사채(Convertibles) ETF

ICVT iShares Convertible Bond ETF

FCVT First Trust SSI Strategic Convertible Securities ETF

CWB SPDR Barclays Convertible Securities ETF

▶ 시니어론(Senior Loan, 신용등급이 낮은 기업의 대출) ETF

FTSL First Trust Senior Loan ETF

SNLN Highland/iBoxx Senior Loan ETF

BKLN PowerShares Senior Loan Portfolio (Fund)

SRLN SPDR Blackstone/GSO Senior Loan ETF

미국국채

IEI iShares 3-7 Year Treasury Bond ETF

GOVT iShares Core U.S. Treasury Bond ETF

PLW PowerShares 1-30 Laddered Treasury Portfolio

▶ 단기 미국국채 ETF

GBIL Goldman Sachs TreasuryAccess 0-1 Year ETF

SHY iShares 1-3 Year Treasury Bond ETF

SHV iShares Short Treasury Bond ETF

SCHO Schwab Short-Term U.S. Treasury ETF

BIL SPDR Barclays Capital 1-3 Month T-Bill ETF

▶ 중기 미국국채 ETF

IEF iShares 7-10 Year Treasury Bond ETF

SCHR Schwab Intermediate-Term U.S. Treasury ETF

▶ 장기 미국국채 ETF

TLT iShares 20+ Year Treasury Bond ETF

TLH iShares Barclays 10-20 Year Treasury Bond ETF

ZROZ PIMCO 25 Year Zero Coupon U.S. Treasury Index Exchange-Traded

EDV Vanguard Extended Duration Treasury ETF

▶ 미국국채 정방향 레버리지 ETF

TYD Direxion Daily 7-10 Year Treasury Bull 3x Shares (정방향 3배)

UST ProShares Ultra 7-10 Year Treasury Fund (정방향 2배)

TMF Direxion Daily 20+ Treasury Bull 3X Shares (정방향 3배)

UBT ProShares Ultra 20+ Year Treasury ETF (정방향 2배)

▶ 미국국채 ETN

DTUL iPath US Treasury 2-year Bull ETN

DTYL iPath US Treasury 10-year Bull ETN

FLAT iPath US Treasury Flattener ETN

iSTPP Path US Treasury Steepener ETN

▶ 미국국채 역방향 레버리지 ETF

TYO Direxion Daily 7-10 Year Treasury Bear3x Shares (역방향 3배)

TYBS Direxion Daily 20-Year Treasury Bear 1x Shares (역방향 1배)

TMV Direxion Daily 20+ Treasury Bear 3X Shares (역방향 3배)

TBX ProShares Short 7-10 Year Treasury (역방향 1배)

PST ProShares UltraShort 7-10 Year Treasury (역방향 2배)

TBF ProShares Short 20 Year Treasury (역방향 1배)

TBT ProShares UltraShort 20 Year Treasury (역방향 2배)

TTT ProShares UltraPro Short 20 Year Treasury (역방향 2배)

물가 연동 국채 (Treasury Inflation-Protected Securities)

TDTT FlexShares iBoxx 3-Year Target Duration TIPS ETF

TDTF FlexShares iBoxx 5-Year Target Duration TIPS ETF

STIP iShares 0-5 Year TIPS Bond ETF

TIP iShares TIPS Bond ETF

LTPZ PIMCO 15 Year US TIPS Index Exchange-Traded Fund

STPZ PIMCO 1-5 Year US TIPS Index Exchange-Traded Fund

TIPZ PIMCO Broad U.S. TIPS Index Exchange-Traded Fund

RINF ProShares 30 Year TIPS/TSY Spread

SCHP Schwab U.S. TIPS ETF

TIPX SPDR Barclays 1-10 Year TIPS ETF

VTIP Vanguard Short-Term Inflation-Protected Securities ETF

ETF LIST 09

채권(미국 외) ETF

중국 채권

KCNY KraneShares E Fund China Commercial Paper ETF

CBON Market Vectors China AMC China Bond ETF

이머징마켓 채권

FEMB First Trust Emerging Markets Local Currency Bond ETF

EMHY iShares Emerging Markets High Yield Bond ETF

LEMB iShares Emerging Markets Local Currency Bond ETF

EMAG Market Vectors Emerging Markets Aggregate Bond ETF

EMLC Market Vectors Emerging Markets Local Currency Bond ETF

EBND SPDR Barclays Capital Emerging Markets Local Bond ETF

ELD WisdomTree Emerging Markets Local Debt Fund

▶ 이머징마켓 채권 ETF(정부채)

EMB iShares J.P. Morgan USD Emerging Markets Bond ETF

PCY PowerShares Emerging Markets Sovereign Debt Portfolio

VWOB Vanguard Emerging Markets Government Bond ETF

▶ 이머징마켓 채권 ETF(회사채)

CEMB iShares Emerging Markets Corporate Bond ETF

HYEM Market Vectors Emerging Markets High Yield Bond

EMCB WisdomTree Emerging Markets Corporate Bond ETF

글로벌 채권

FWDB AdvisorShares Madrona Global Bond ETF

RAVI FlexShares Ready Access Variable Income Fund

MINT PIMCO Enhanced Short Maturity Exchange-Traded Fund

RIGS RiverFront Strategic Income ETF

BNDX Vanguard Total International Bond ETF

▶ 글로벌채권 ETF (국채)

ISHG iShares 1-3 Year International Treasury Bond ETF

IGOV iShares International Treasury Bond ETF

BWZ SPDR Barclays Short Term International Treasury Bond ETF

BWX SPDR Barclays Capital International Treasury Bond ETF

▶ 글로벌채권 ETF (물가연동채권)

GTIP iShares Global Inflation-Linked Bond ETF

WIP SPDR DB International Government Inflation-Protected Bond ETF

▶ 글로벌 회사채 ETF

PICB PowerShares International Corporate Bond Portfolio

IBND SPDR Barclays Capital International Corporate Bond ETF

▶ 글로벌 하이일드 회사채 ETF

HYIH Deutsche X-trackers High Yield Corporate Bond – Interest Rate
Hedged ETF

GHYG iShares Global High Yield Corporate Bond ETF

HYXU iShares Global ex-USD High Yield Corporate Bond ETF

IHY Market Vectors International High Yield Bond ETF

PGHY PowerShares Global Short Term High Yield Bond Portfolio

ETF LIST 10

멀티에셋 ETF

멀티에셋 (미국)

FPE First Trust Preferred Securities and Income ETF 우선주, 회사채, 전환사채

CVY Guggenheim Multi-Asset Income ETF 주식, 폐쇄형펀드, 마스터합자회사, 리츠, 우선주

CPI IQ CPI Inflation Hedged ETF 주식, 채권

HIPS Master Income ETF 자동이체증권

MDIV Multi-Asset Diversified Income Index Fund 주식, 리츠, 우선주, 마스터합자회사, 하이일드 회사채

PCEF PowerShares CEF Income Composite Fund 폐쇄형 펀드

멀티에셋 (글로벌)

GYLD Arrow Dow Jones Global Yield ETF 글로벌주식, 글로벌 채권, 글로벌 부동산

DWAT Arrow DWA Tactical ETF 주식, 채권, 상품, 통화, 부동산

GMOM Cambria Global Momentum ETF

GAA Cambria Global Asset Allocation ETF

FDIV First Trust Strategic Income ETF 주식과 채권

QAI IQ Hedge Multi-Strategy Tracker 멀티 헤지펀드 스타일

AOA iShares Core Aggressive Allocation ETF

AOR iShares Core Growth Allocation ETF 미국 주식, 글로벌 주식, 채권

AOM iShares Core Moderate Allocation ETF

IYLD iShares Morningstar Multi-Asset High Income Index ETF

AOK iShares S&P Conservative Allocation Fund 미국 주식, 글로벌 주식, 미국국채

ALTS ProShares Morningstar Alts Solutions ETF 멀티전략 ETF

미국 주식이 답이다

GAL SPDR Global Allocation ETF

RLY SPDR Multi-Asset Real Return ETF

INKM SPDR SSGA Income Allocation ETF

WBII WBI Tactical Income Shares ETF

배당 관련 ETF

배당주 ETF (미국)

CDC Compass EMP U.S. EQ Income 100 Enhanced Volatility Weighted Index ETF

DVP Deep Value ETF

FDL First Trust Morningstar Dividend Leaders Index Fund

RDVY First Trust NASDAQ Rising Dividend Achievers ETF

TDIV First Trust NASDAQ Technology Dividend Index Fund

FVD First Trust Value Line 100 Fund

FVL First Trust Value Line Dividend Fund

QDEF FlexShares Quality Dividend Defensive Index Fund

QDYN FlexShares Quality Dividend Dynamic Index Fund

QDF FlexShares Quality Dividend Index Fund

DIV Global X SuperDividend U.S. ETF

DGRO iShares Core Dividend Growth ETF

HDV iShares Core High Dividend ETF

DVY iShares Select Dividend ETF

DIVA QuantShares Hedged Dividend Income

PFM PowerShares Dividend Achievers Portfolio

PEY PowerShares High Yield Equity Dividend Achievers Portfolio

KBWD PowerShares KBW High Dividend Yield Financial Portfolio

SPHD PowerShares S&P500 High Dividend Portfolio

NOBL ProShares S&P500 Aristocrats ETF

REGL ProShares S&P MidCap 400 Dividend Aristocrats ETF

DIVY Reality Shares DIVS ETF

RDIV RevenueShares Ultra Dividend Fund

SCHD Schwab U.S. Dividend Equity ETF

SDY SPDR Dividend ETF

VIG Vanguard Dividend Appreciation ETF

VYM Vanguard High Dividend Yield Index Fund

DHS WisdomTree Equity Income ETF

DLN WisdomTree LargeCap Dividend ETF

DTN WisdomTree Dividend ex-Financials ETF   금융 업종 기업 편입

DGRW WisdomTree U.S. Dividend Growth ETF

DTD WisdomTree Total Dividend ETF

▶ 배당주 정방향 레버리지 ETF

SDYL UBS ETRACS Monthly Pay 2x Leveraged S&P Dividend ETN (정방향 2배)

▶ 배당 소형주 ETF

DES WisdomTree SmallCap Dividend ETF

DGRS WisdomTree U.S. SmallCap Dividend Growth ETF

▶ 배당 중형주 ETF

DON WisdomTree MidCap Dividend ETF

배당주 ETF (글로벌)

IDOG ALPS International Sector Dividend Dogs ETF   10개의 글로벌 섹터로 구성된
고배당 기업

FYLD Cambria Foreign Shareholder Yield ETF   펀더멘탈 위주로 편입

FGD First Trust Dow Jones Global Select Dividend Index ETF   호주, 영국, 미국 기
업 위주

IQDY FlexShares International Quality Dividend Dynamic ETF   미국은 제외, 영국과 일
본 위주로 편입

IQDF FlexShares International Quality Dividend ETF 미국은 제외, 영국과 일본 위주로 편입

IQDE FLexShares Quality Dividend Defensive ETF 미국은 제외, 영국과 일본 위주로 편입

SDIV Global X SuperDividend ETF 호주와 미국 위주로 편입

IDV iShares International Select Dividend ETF 미국은 제외, 영국과 호주 위주로 편입

PID PowerShares International Dividend Achievers Portfolio 캐나다, 영국, 미국 위주로 편입

EFAD ProShares MSCI EAFE Dividend Growers ETF 영국의 배당회사 위주로 편입

WDIV SPDR S&P Global Dividend ETF 캐나다, 영국, 미국 위주로 편입

DWX SPDR S&P International Dividend ETF 미국은 제외하고 영국과 호주, 캐나다 위주로 편입

DTH WisdomTree DEFA Equity Income ETF 영국과 호주 위주로 편입

DWM WisdomTree DEFA ETF 미국, 캐나다와 이머징마켓 국가들 편입

DOO WisdomTree International Dividend ex-Financials ETF 금융업을 제외한 미국의 기업 위주로 편입

DEW WisdomTree Global Equity Income ETF 영국과 미국 위주

DNL WisdomTree Global ex-US Dividend Growth ETF 미국을 제외하고, 이머징마켓을 대표하는 나라의 배당주로 구성

DOL WisdomTree International LargeCap Dividend ETF 영국 위주의 대형주 중심

DIM WisdomTree International MidCap Dividend ETF

DLS WisdomTree International SmallCap Dividend ETF

▶ 배당주 헷지형 ETF

IHDG WisdomTree International Hedged Dividend Growth ETF

국가별 배당 ETF

▶ 아시아

DVYA iShares Asia / Pacific Dividend 30 ETF

▶ 유럽

FDD First Trust STOXX European Select Dividend Index Fund

EUDG WisdomTree Europe Dividend Growth ETF

DFE WisdomTree Europe SmallCap Dividend ETF

▶ 중동

GULF WisdomTree Middle East Dividend ETF

▶ 이머징마켓

EDOG ALPS Emerging Sector Dividend Dogs ETF

DVYE iShares Emerging Markets Dividend ETF 대만 위주

EDIV SPDR S&P Emerging Markets Dividend ETF 브라질, 대만, 중국, 태국, 남아프리카공화국 위주로 편입

DGRE WisdomTree Emerging Markets Dividend Growth ETF 브라질, 대만, 인도네시아, 태국, 남아프리카공화국 위주로 편입

DEM WisdomTree Emerging Markets Equity Income ETF 브라질, 중국, 러시아, 대만, 남아프리카 공화국 위주로 편입

DGS WisdomTree Emerging Markets SmallCap Dividend ETF 대만의 소기업 위주로 편입

▶ 독일

DXGE WisdomTree Germany Hedged Equity ETF

▶ 일본

DFJ WisdomTree Japan SmallCap Dividend ETF

DXJ WisdomTree Japan Hedged Equity ETF

ETF LIST 12

기타 ETF

자사주매입 ETF (미국 내)

PKW PowerShares Buyback Achievers Portfolio **SPYB** SPDR S&P500

Buyback ETF

자사주매입 ETF (글로벌)

IPKW PowerShares International BuyBack Achievers Portfolio

바이−라이트 ETF

바이−라이트(Buy-Write) : 주식은 사고, 옵션은 매도하는 전략

VEGA AdvisorShares STAR Global Buy-Write ETF

FTHI First Trust High Income ETF

FTLB First Trust Low Beta Income ETF

HSPX Horizons S&P500 Covered Calls ETF

PBP PowerShares S&P500 BuyWrite Portfolio

QYLD Recon Capital NASDAQ-100 Covered Call ETF

동일 비중 ETF (미국 내)

BFOR Barron's 400 Index

QQQE Direxion NASDAQ-100 Equal Weighted Index Shares

QQEW First Trust NASDAQ-100 Equal Weighted Index Fund

FVL First Trust Value Line Dividend Fund

RSP Guggenheim S&P500 Equal Weight

RCD Guggenheim S&P500 Equal Weight Consumer Discretionary ETF

RHS Guggenheim S&P500 Equal Weight Consumer Staples ETF

RYE Guggenheim S&P500 Equal Weight Energy ETF

RYF Guggenheim S&P500 Equal Weight Financials ETF

RYH Guggenheim S&P500 Equal Weight Health Care ETF

RGI Guggenheim S&P500 Equal Weight Industrial ETF

RTM Guggenheim S&P500 Equal Weight Materials ETF

RYT Guggenheim S&P500 Equal Weight Technology ETF

RYU Guggenheim S&P500 Equal Weight Utilities ETF

EQAL PowerShares Russell 1000 Equal Weight ETF

NOBL ProShares S&P500 Aristocrats ETF

펀드 오브 펀드 ETF

VEGA AdvisorShares STAR Global Buy-Write ETF

EQL ALPS Equal Sector Weight ETF

GMOM Cambria Global Momentum ETF

GCE Claymore CEF Index Linked GS Connect ETN

FV First Trust Dorsey Wright Focus 5 ETF

CPI IQ CPI Inflation Hedged ETF

AOR iShares Core Growth Allocation ETF

AOA iShares Core Aggressive Allocation ETF

AOM iShares Core Moderate Allocation ETF

IYLD iShares Morningstar Multi-Asset High Income Index ETF

AOK iShares S&P Conservative Allocation ETF

PCEF PowerShares CEF Income Composite Fund

ALTS ProShares Morningstar Alts Solutions ETF

GAL SPDR Global Allocation ETF

RLY SPDR Multi-Asset Real Return ETF

INKM SPDR SSGA Income Allocation ETF

GAA The Cambria Global Asset Allocation ETF

YYY YieldShares High Income ETF

성장형 ETF

FAD First Trust Multi Cap Growth AlphaDEX Fund

IUSG iShares Core U.S. Growth ETF

VUG Vanguard Growth ETF

▶ 성장형 중형주 ETF

FNY First Trust Mid Cap Growth AlphaDEX Fund

RFG Guggenheim S&P MidCap 400 Pure Growth ETF

JKH iShares Morningstar Mid-Cap Growth ETF

IWP iShares Russell Mid-Cap Growth ETF

IJK iShares S&P Mid-Cap 400 Growth ETF

MDYG SPDR S&P 400 Mid Cap Growth ETF

VOT Vanguard Mid-Cap Growth ETF

▶ 성장형 소형주 ETF

FYC First Trust Small Cap Growth AlphaDEX Fund

RZG Guggenheim S&P SmallCap 600 Pure Growth ETF

JKK iShares Morningstar Small-Cap Growth ETF

IWO iShares Russell 2000 Growth ETF

IJT iShares S&P SmallCap 600 Growth ETF

SLYG SPDR S&P 600 Small Cap Growth ETF

VTWG Vanguard Russell 2000 Growth ETF

VBK Vanguard Small-Cap Growth ETF

미국 주식이 답이다

VIOG Vanguard S&P Small-Cap 600 Growth ETF

▶ 성장형 러셀 1000 ETF

IWF iShares Russell 1000 Growth ETF

SYG SPDR MFS Systematic Growth Equity ETF

VONG Vanguard Russell 1000 Growth ETF

▶ 성장형 S&P500 ETF

RPG Invesco S&P500 Pure Growth ETF

IVW iShares S&P500 Growth ETF

SPYG SPDR S&P500 Growth ETF

VOOG Vanguard S&P500 Growth ETF

▶ 성장형 대형주 ETF

FLGE Credit Suisse FI Large Cap Growth Enhanced ETN

FTC First Trust Large Cap Growth Opportunities AlphaDEX Fund

JKE iShares Morningstar Large Growth ETF

IWY iShares Russell Top 200 Growth ETF

PWB PowerShares Dynamic Large Cap Growth Portfolio

SCHG Schwab U.S. Large-Cap Growth ETF

MGK Vanguard Mega Cap Growth ETF

WBIE WBI Large Cap Tactical Growth Shares ETF

▶ 성장형(유럽, 오스트레일리아, 극동 아시아 지역) ETF

EFG iShares MSCI EAFE Growth ETF

헤지펀드 복제와 기관투자가 ETF

ALFA AlphaClone Alternative Alpha ETF

RYJ Guggenheim Raymond James SB-1 Equity ETF

MCRO IQ Hedge Macro Tracker ETF

QMN IQ Hedge Market Neutral Tracker ETF

QAI IQ Hedge Multi-Strategy Tracker ETF

HDG ProShares Hedge Replication ETF

IPO ETF (미국 내)

FPX First Trust US IPO Index Fund

IPO Renaissance IPO ETF

▶ 스핀오프

CSD Guggenheim Spin-Off ETF

IPO ETF (글로벌)

IPOS Renaissance International IPO ETF

FPXI First Trust International IPO ETF

롱, 숏 ETF

ALFA AlphaClone Alternative Alpha ETF

HYLS First Trust High Yield Long/Short ETF

MNA IQ ARB Merger Arbitrage ETF

CSM ProShares Large Cap Core Plus ETF

MRGR ProShares Merger ETF

RALS ProShares RAFI Long/Short

DIVA QuantShares Hedged Dividend Income

BTAL QuantShares U.S. Market Neutral Anti-Beta Fund

MOM QuantShares U.S. Market Neutral Momentum Fund

모멘텀 ETF (미국 내)

QVM Arrow QVM Equity Factor ETF

MTUM iShares MSCI USA Momentum Factor ETF

PYZ PowerShares DWA Basic Materials Momentum Portfolio

PEZ PowerShares DWA Consumer Cyclicals Momentum Portfolio

PSL PowerShares DWA Consumer Staples Momentum Portfolio

PXI PowerShares DWA Energy Momentum Portfolio

PFI PowerShares DWA Financial Momentum Portfolio

PTH PowerShares DWA Healthcare Momentum Portfolio

PRN PowerShares DWA Industrials Momentum Portfolio

PDP PowerShares DWA NASDAQ Momentum Portfolio

DWAS PowerShares DWA SmallCap Momentum Portfolio

PTF PowerShares DWA Technology Momentum Portfolio

PUI PowerShares DWA Utilities Momentum Portfolio

MOM QuantShares U.S. Market Neutral Momentum Fund

MMTM SPDR S&P 1500 Momentum Tilt ETF

모멘텀 ETF (글로벌)

IMTM iShares MSCI International Developed Momentum Factor ETF

PIZ PowerShares DWA Developed Markets Momentum Portfolio

PIE PowerShares DWA Emerging Markets Momentum Portfolio

우선주 ETF (미국 내)

EPRF Elkhorn S&P High Quality Preferred ETF

PFF iShares U.S. Preferred Stock ETF

PFXF Market Vectors Preferred Securities ex Financials ETF 리츠, 전자, 통신회
사 위주로 편입

PGF PowerShares Financial Preferred Portfolio 금융업만 편입

PGX PowerShares Preferred Portfolio

VRP PowerShares Variable Rate Preferred Portfolio

PSK SPDR Wells Fargo Preferred Stock ETF

우선주 ETF (글로벌)

SPFF Global X SuperIncome Preferred ETF 미국과 캐나다

IPFF iShares International Preferred Stock ETF 캐나다 위주

업종 전략 ETF

EQL ALPS Equal Sector Weight ETF

SDOG ALPS Sector Dividend Dogs ETF

FV First Trust Dorsey Wright Focus 5 ETF

혁신 ETF

ARKK ARK Innovation ETF   **ARKG** ARK Genomic Revolution Multi-Sector ETF

ARKQ ARK Industrial Innovation ETF

내부자거래 ETF

KNOW Direxion All Cap Insider Sentiment Shares

성별 다양성 ETF

SHE SPDR SSGA Gender Diversity Index ETF

인수합병 ETF

MNA IQ ARB Merger Arbitrage ETF

미국 주식이 답이다

MRGR ProShares Merger ETF

밀레니얼 ETF

GENY Principal Millennials Index ETF

해자 ETF

해자(Moat)란? 해자란 성을 보호하기 위해 성곽을 따라 파놓은 연못을 뜻하는데 워런 버핏이 투자에 이 용어를 사용하면서 유명해졌다. 해자 랩은 높은 진입장벽(해자)을 갖춰 확고한 경쟁 우위를 누리는 기업에 투자하는 ETF다.

MOAT Market Vectors Wide Moat ETF

사회적 의식 ETF

WIL Barclays Women in Leadership ETN

DSI iShares KLD 400 Social Index Fund

VUSE Vident Core US Equity ETF

가치 ETF

VAMO Cambria ETF Trust Cambria Value and Momentum ETF

FAB First Trust Multi Cap Value AlphaDEX Fund

IUSV iShares Core U.S. Value ETF

VLUE iShares MSCI USA Value Factor ETF

VLU SPDR S&P 1500 Value Tilt ETF

SYV SPDR MFS Systematic Value Equity ETF

QVAL ValueShares U.S. Quantitative Value ETF

VTV Vanguard Value ETF

▶ 가치 대형주 ETF

FTA First Trust Large Cap Value Opportunities AlphaDEX Fund

JKF iShares Morningstar Large- Cap Value ETF

IWX IShares Russell Top 200 Value ETF

PWV PowerShares Dynamic Large Cap Value Portfolio

SCHV Schwab U.S. Large-Cap Value ETF

MGV Vanguard Mega Cap Value ETF

WBIF WBI Large Cap Tactical Value Shares ETF

▶ 가치 중형주 ETF

FNK First Trust Mid Cap Value AlphaDEX Fund

RFV Guggenheim S&P MidCap 400 Pure Value ETF

JKI iShares Morningstar Mid-Cap Value ETF

IWS iShares Russell Mid-Cap Value ETF

IJJ iShares S&P MidCap 400 Value Index Fund

MDYV SPDR S&P 400 Mid Cap Value ETF

VOE Vanguard Mid-Cap Value ETF

IVOV Vanguard S&P Mid-Cap 400 Value ETF

▶ 가치 소형주 ETF

FYT First Trust Small Cap Value AlphaDEX Fund

RZV Guggenheim S&P SmallCap 600 Pure Value ETF

JKL iShares Morningstar Small-Cap Value ETF

IWN iShares Russell 2000 Value ETF

IJS iShares S&P SmallCap 600 Value Index Fund

SLYV SPDR S&P 600 Small Cap Value ETF

VTWV Vanguard Russell 2000 Value ETF

VIOV Vanguard S&P Small-Cap 600 Value ETF

미국 주식이 답이다

VBR Vanguard Small-Cap Value ETF

▶ 가치 러셀 1000 ETF

IWD iShares Russell 1000 Value ETF

SYV SPDR MFS Systematic Value Equity ETF

▶ 가치 러셀 500 ETF

RPV Guggenheim S&P500 Pure Value ETF

IVE iShares S&P500 Value ETF

SPYV SPDR S&P500 Value ETF

VOOV Vanguard S&P500 Value ETF

▶ 가치 글로벌 ETF

GVAL Cambria Global Value ETF

EFV iShares MSCI EAFE Value ETF

IVAL ValueShares International Quantitative Value ETF

변동성 ETF

VQT Barclays ETN+ VEQTOR S&P500 Linked ETN

CFA Compass EMP US 500 Volatility Weighted Index ETF

CFO Compass EMP US 500 Enhanced Volatility Weighted Index ETF

CDC Compass EMP U.S. EQ Income 100 Enhanced Volatility Weighted Index
ETF

CSF Compass EMP US Discovery 500 Enhanced Volatility Weighted Fund

FTCS First Trust Capital Strength ETF

PHDG PowerShares S&P500 Downside Hedged Portfolio

BTAL QuantShares U.S. Market Neutral Anti-Beta Fund

▶ 낮은 / 중간의 변동성 ETF

FDLO Fidelity Low Volatility Factor ETF

FLLV Franklin Liberty U.S. Low Volatility ETF

SMMV iShares Edge MSCI Min Vol USA Small-Cap ETF

LVHD Legg Mason Low Volatility High Dividend ETF

XRLV PowerShares S&P500 ex-Rate Sensitive Low Volatility Portfolio

ONEV SPDR Russell 1000 Low Volatility Focus ETF

USMV iShares MSCI USA Minimum Volatility ETF

SPLV PowerShares S&P500 Low Volatility Portfolio

XMLV PowerShares S&P MidCap Low Volatility ETF

XSLV PowerShares S&P SmallCap Low Volatility Portfolio

LGLV SPDR Russell 1000 Low Volatility ETF

SMLV SPDR Russell 2000 Low Volatility ETF

▶ 빅스 선물 ETF

XVZ iPath S&P500 Dynamic VIX ETN

VXZ iPath S&P500 VIX Mid-Term Futures ETN

VXX iPath S&P500 VIX Short Term Futures ETN

VIXM ProShares VIX Mid-Term Futures ETF

VIXY ProShares VIX Short-Term Futures ETF

VIIX VelocityShares VIX Short Term ETN

▶ 빅스 선물 정방향 레버리지 ETF

UVXY ProShares Ultra VIX Short-Term Futures ETF (정방향 2배)

TVIX VelocityShares Daily 2x VIX Short Term ETN (정방향 2배)

▶ 빅스 선물 단기 ETF

SVXY ProShares Short VIX Short-Term Futures ETF

미국 주식이 답이다

ZIV VelocityShares Daily Inverse VIX Medium Term ETN

▶ 변동성 글로벌 ETF

ACWV iShares MSCI All Country World Minimum Volatility ETF

EFAV iShares MSCI EAFE Minimum Volatility Index Fund

EEMV iShares MSCI Emerging Markets Minimum Volatility ETF

EUMV iShares MSCI Europe Minimum Volatility ETF

JPMV iShares MSCI Japan Minimum Volatility ETF

EELV PowerShares S&P Emerging Markets Low Volatility Portfolio

IDLV PowerShares S&P International Developed Low Volatility Portfolio

미국 주식이 답이다

개정 4판 1쇄 발행 2021년 3월 15일
개정 4판 5쇄 발행 2021년 8월 16일

지은이 장우석, 이항영
펴낸이 김동환, 김선준

책임편집 한보라
편집팀 최한솔, 최구영
마케팅 권두리
디자인 김혜림

펴낸곳 페이지2북스 **출판등록** 2019년 4월 25일 제 2019-000129호
주소 서울시 영등포구 국제금융로2길 37 에스트레뉴 1304호
전화 070) 7730-5880 **팩스** 02) 332-5856
이메일 page2books@naver.com
종이 (주)월드페이퍼 **인쇄·제본** 현문

ISBN 979-11-90977-20-3 (03320)